Günter Stemberger

# JÜDISCHE RELIGION

Verlag C. H. Beck

Die Deutsche Bibliothek – CIP-Einheitsaufnahme

*Stemberger, Günter:*
Jüdische Religion / Günter Stemberger. – Orig.-Ausg. –
2. Aufl. – München : Beck, 1996
   (Beck'sche Reihe ; 2003 : C.H. Beck Wissen)
   ISBN 3 406 39003 X
NE: GT

Originalausgabe
ISBN 3 406 39003 X

2. Auflage. 1996
Umschlagentwurf von Uwe Göbel, München
© C.H. Beck'sche Verlagsbuchhandlung (Oscar Beck), München 1995
Gesamtherstellung: Presse-Druck- und Verlags-GmbH, Augsburg
Gedruckt auf säurefreiem, alterungsbeständigem Papier
(hergestellt aus chlorfrei gebleichtem Zellstoff)
Printed in Germany

# Inhalt

# Zur Einführung

Eine Religion kurz vorzustellen, ist immer mit Schwierigkeiten verbunden und der Gefahr grober Vereinfachungen, Verkürzungen und damit auch Verzerrungen ausgesetzt. In besonderer Weise gilt dies für die jüdische Religion, und zwar im wesentlichen aus zwei Gründen:

*Der Begriff „Religion"* ist auf das Judentum nur mit Vorbehalt anzuwenden. Die hebräische Sprache hat gar kein Wort für Religion – das heute dafür verwendete Wort *dat*, ein Lehnwort aus dem Persischen, bedeutet eigentlich „Gesetz, Anordnung". Anders als etwa im Christentum läßt sich nicht zwischen religiösen und profanen Bereichen des Lebens unterscheiden. Das sieht man schon daran, daß das traditionelle Judentum keinen Religionsunterricht kannte: Das ganze Leben ist Religion. Das Aufwachsen in einem jüdischen Haus ist ebenso Religionsunterricht, Einübung in das Judesein, wie auch schon das Lernen des hebräischen Alphabets Einführung in die Sprache der Bibel und damit der Verständigung Gottes mit seinem Volk ist. Wie man sich kleidet, was man ißt, gehört ebenso zur „Religion" wie Gebet und Gottesdienst der Synagoge. Im jüdischen Leben ist nichts wirklich profan; alles ist religiös. Die Geschichtserfahrung von der Schöpfung über die Zeit der Erzväter und die Offenbarung am Sinai bis hin zu Holocaust und den Ereignissen der Gegenwart ist Teil der religiösen Wirklichkeit. Ebenso grundlegend gehört aber auch die Erfahrung der Gemeinschaft dazu, das Eingebundensein in das Volk Gottes – und zwar nicht nur als abstrakter Begriff, sondern in der konkreten Alltagserfahrung: Gemeinde, Volk, Nation, Land und Staat Israel und Religion lassen sich nicht voneinander trennen. Der „Staatsbürger jüdischen Glaubens" ist eine Erfindung der Aufklärung, die „israelitische Kultusgemeinde" die Ablösung der traditionellen, alles Leben umfassenden jüdischen Gemeinde bis ins späte 18. Jahrhundert (und teilweise noch länger), Ergebnis von Emanzipation und Toleranz, damit aber auch Abschieben des Religiösen in den privaten Raum.

„*Das*" Judentum gibt es nicht. Es ist nicht einfach eine erstarrte Form biblischer Religion, sondern hat sich auf der Grundlage der Bibel über die Jahrtausende entwickelt. Auf Fragen der historischen Bibelkritik einzugehen, ist aus Raumgründen nicht möglich und für die Darstellung religiöser Grundvorstellungen auch nicht notwendig. Das Fehlen einer zentralen Lehrautorität ermöglichte schon im Altertum die Entfaltung verschiedener Ausprägungen jüdischen Lebens und Denkens. Im Mittelalter entwickelten sich unter je verschiedenen Umweltbedingungen der aschkenasische (i. w. mittel- und osteuropäische, später auch nordamerikanische) und der sefardische (spanische, im weiteren Sinn allgemein in islamischer Welt lebende) Zweig des Judentums; bis heute sind sie durch verschiedenes Brauchtum und Ritual getrennt, bilden verschiedene Synagogengemeinden und haben in Israel auch je eigene Oberrabbiner. Tiefgreifender sind die Unterschiede, die sich aus den Reformbestrebungen im mitteleuropäischen Judentum ab dem 18. Jh. entwickelten. In Europa sind sie nach außen vielfach durch sogenannte Einheitsgemeinden überdeckt, in Israel durch das Monopol der Orthodoxie. Am deutlichsten treten die Unterschiede in den Vereinigten Staaten Amerikas zutage: Die einzelnen Strömungen wie orthodoxes, konservatives und reformiertes Judentum sind organisatorisch, als Synagogenverbände, in Schulwesen und Rabbinerausbildung klar voneinander getrennt; daneben gibt es verschiedene kleinere Strömungen wie die Rekonstruktionisten und einen hohen Anteil von Juden, die keiner dieser Richtungen angehören und sich dennoch als Juden bewußt sind. Das Spektrum reicht vom bewußten Festhalten an Lebensformen und halakhischen („religionsgesetzlichen") Normen, die über die Jahrhunderte aus dem Talmud und seinen Kommentaren abgeleitet wurden, über eine gewisse Anpassung an „Erfordernisse der Gegenwart" bis zur fast völligen Aufgabe der „äußeren Schale" von Normen und Bräuchen zugunsten der „Idee" des Judentums, seiner Ethik und seines Geschichtsbewußtseins. Dieselbe Bandbreite jüdischen Daseins gibt es in Europa, auch wenn dies – schon wegen der meist geringen Mitgliederzahl der einzelnen Ortsgemeinden – organisatorisch gewöhnlich nicht zum Ausdruck kommt.

Dieses weite Spektrum in eine kurze Darstellung jüdischer Religion einzubeziehen, ist natürlich unmöglich. Einfach den kleinsten gemeinsamen Nenner als Basis zu nehmen, würde der Wirklichkeit auch nicht gerecht. Als Grundlinie der Darstellung gilt eine gemäßigt orthodoxe, der biblischen und talmudischen Tradition verpflichtete Lebensform, das geschichtlich Gewachsene mehr als seine Anpassungen an die Gegenwart; die übrige Bandbreite jüdischen Lebens wird dagegen nur da und dort angedeutet.

Aus dem bisher Gesagten ist wohl schon deutlich, daß jüdische Religion nicht als System von Glaubenswahrheiten dargestellt werden kann, sosehr auch Glaubensinhalte das Judentum mitprägen. Natürlich kann man den aus Religionsphilosophie und christlicher Theologie bekannten Fragenkatalog – Gott und andere himmlische Wesen, Schöpfung, Mensch, Sünde und Erlösung, Wunder und dergleichen – sinnvoll auch aus jüdischen Quellen abhandeln. Das alles spielt in jüdischer Tradition eine Rolle und doch wäre damit nur ein kleiner Ausschnitt der jüdischen Religion getroffen.

Schon aus Raumgründen behandle ich theologische Fragen hier nur im Zusammenhang mit der Praxis des religiösen Lebens. Damit ist natürlich so manches nicht in den größeren theologischen Zusammenhängen besprochen und fehlt vieles, was man sich vielleicht von der Darstellung einer Religion erwartet. Daß es Gott gibt, ist für die Bibel und die ganze jüdische Tradition selbstverständlich; Gottesbeweise haben nur die Religionsphilosophie interessiert. Das Verhältnis dieses Gottes zu Welt und Mensch hingegen ist etwas, was in das tägliche Leben eingreift und in den Gebeten seinen ständigen Ausdruck findet. Es ist zwar etwas zu kurz gegriffen, wenn man das Judentum als Religion des Tuns betrachtet, doch ist darin etwas ganz Wesentliches gesehen. Glaubens- und Sittenlehre, religiöses Leben und die ihm zugrundeliegenden theologischen Auffassungen lassen sich nicht trennen. Judesein bestimmt idealerweise das ganze Leben, das Tun ebenso wie das Denken; das

Leben ist Ausdruck des Glaubens. Um das in knapper Form zu vermitteln, wurde der Lebenslauf von der Geburt bzw. vom Eintritt in das jüdische Volk bis zum Ende des Lebens und den damit verknüpften Erwartungen und Vorstellungen als der Rahmen der folgenden Skizze gewählt.

# I. Eintritt in das Volk Gottes

Wer ist bzw. wie wird man Jude? Die heute vieldiskutierte Frage wird gewöhnlich so beantwortet: Jude ist, wer eine jüdische Mutter hat oder in halakhisch korrekter Form zum Judentum übergetreten ist. Judentum ist also zugleich Abstammungsgemeinschaft und Wahlgemeinschaft.

Gewöhnlich wird man als Jude geboren. Nicht immer allerdings war die jüdische Mutter Grundvoraussetzung für das Judeseins des Kindes. Noch im 1. Jh. wurde größerer Wert auf den jüdischen Vater gelegt. Heiratete eine Nichtjüdin in eine jüdische Familie ein, wurde von ihr ohne Notwendigkeit einer formellen Konversion die Annahme jüdischer Lebensweise erwartet; die Kinder galten als jüdisch. Die Kinder einer Jüdin hingegen, die einen Nichtjuden heiratete, ohne daß dieser zum Judentum übertrat, galten als Nichtjuden: dies macht die Geschichte des Timotheus (Apg 16,1-3) ebenso deutlich wie die Familiengeschichte des Herodes bei Josephus Flavius. Doch seit rabbinischer Zeit, d.h. nach Zerstörung des Tempels im Jahre 70, hat sich das matrilineare Prinzip allgemein durchgesetzt.

Die zeitlich und regional verschieden häufig wahrgenommene Möglichkeit der *Konversion zum Judentum* macht deutlich, daß die Vorstellung einer „jüdischen Rasse" nicht haltbar ist. Zu allen Zeiten fühlten sich Menschen zur jüdischen Religion hingezogen, beeinflußt durch die Bibel und spätere jüdische Literatur wie auch durch den Besuch der Synagoge oder das persönliche Beispiel einzelner Juden oder ganzer jüdischer Gemeinden. Ob es in früher Zeit eine regelrechte jüdische Missionstätigkeit gegeben hat, ist umstritten. Jedenfalls gab es in der Antike um die meisten jüdischen Diasporagemeinden immer auch Gruppen von Sympathisanten und kennen wir aus Antike und Mittelalter spektakuläre Übertritte zum Judentum: im 1. Jh. konvertierte das Königshaus von Adiabene (Mesopotamien) zum Judentum, im 5. Jh. der König von Himjar (Jemen), im 8. Jh. die Königsfamilie der Khazaren am Schwarzen Meer. Strenge Verbote von christlicher wie islamischer Seite sowie eine stärkere Abgrenzung der jüdischen Gemeinden selbst, durch negative Erfahrungen mit Konvertiten vorsichtig geworden, ließen die Zahl der Konversionen stark zurückgehen. Doch hat es auch später immer wieder Übertritte zum Judentum gegeben. Nach Prüfung der Beweggründe für einen so schwerwiegenden Schritt, angemessener Probezeit und entsprechender Unterweisung in Lehre und Leben des Judentums erfolgt die Aufnahme des Mannes durch Beschneidung und rituelles Tauchbad, die der Frau durch das Tauchbad allein. Dadurch wird man Nachfahre Abrahams und Saras, von wenigen halakhischen Ausnahmen abgesehen vollberechtigtes Mitglied des Bundesvolkes.

Auch wenn das Kind einer jüdischen Mutter automatisch Jude ist, wird der Knabe doch erst durch die *Beschneidung* am achten Tag nach der Geburt voll eingegliedert gemäß den Worten Gottes an Abraham: „Das ist mein Bund zwischen mir und euch samt deinen Nachkommen, den ihr halten sollt: Alles, was männlich ist unter euch, muß beschnitten werden. Am Fleisch eurer Vorhaut müßt ihr euch beschneiden lassen... Alle männlichen Kinder bei euch müssen, sobald sie acht Tage alt sind, beschnitten werden" (Gen 17,10-13). Die Beschneidung war und ist bei vielen Völkern verbreitet, wenn auch meist – so im Islam – erst in der Pubertät vollzogen. Ihr ursprünglicher Sinn ist nicht eindeutig geklärt, ihre hygienische Begründung erst neuzeitlich. In der biblisch-jüdischen Tradition wurde sie jedenfalls zum Zeichen des Bundes mit Gott, zum *berit mila*, dem „Bund der Beschneidung", damit grundlegendes Zeichen der Zugehörigkeit zum Judentum. Darauf zu verzichten oder sie mit einem chirurgischen Eingriff rückgängig zu machen, galt daher schon in der Zeit der Makkabäer als Abfall vom Judentum, das Verbot der Beschneidung durch den Staat als Akt der Religionsverfolgung (1 Mak 1,15.48). Zwar hat es im Reformjudentum Tendenzen gegeben, wie viele andere „äußere" Formen jüdischer Tradition auch die Beschneidung aufzugeben oder sie zumindest nicht mehr als streng verpflichtend anzusehen, doch hat man in den letzten Jahrzehnten sich wieder verstärkt der Tradition zugewandt.

Die Beschneidung findet zu Hause, eventuell auch im Krankenhaus, meistens aber in der Synagoge statt. Wie zu allen offiziellen religiösen Akten soll ein *Minjan* dabeisein, die „Zahl" von zumindest zehn jüdischen Männern als Vertretung der Gemeinde Israels, in die das Kind aufgenommen wird. Das Kind, meist in einem festlichen bestickten Kleid, wird zuerst auf den „Stuhl Elijas" gelegt, der im Gedenken an seinen Eifer für den „Bund des Herrn" (1 Kön 19,10; vgl. Mal 3,23 f) symbolisch Ehrengast und Zeuge jeder Beschneidung ist. Dann übernimmt der *Sandak*, der Pate, das Kind und hält es auf seinem Schoß. Den Eingriff nimmt der *Mohel* vor, der „Beschneider", ein nicht nur medizinisch, sondern v. a. religiös geschulter Mann. Dann betet der Vater: „Gepriesen seist Du, Herr unser Gott, König der Welt, der uns durch seine Gebote geheiligt und uns geboten hat, das Kind in den Bund Abrahams, unseres Vaters, einzuführen." Die Anwesenden antworten: „Wie er in den Bund eingeführt wurde, möge er in die Tora, zur Ehe und zu guten Taten geführt werden."

Anläßlich der Beschneidung bekommt der Knabe auch einen biblischen *Namen* (neben dem bei uns ein ziviler Name geführt wird), der in Hinkunft bei allen religiösen Anlässen dient, von der Bar Mitzwa über die Aufrufung zur Toralesung bis zu Hochzeit und Grabstein. In der aschkenasischen Tradition ist dies gewöhnlich der Name eines verstorbenen Verwandten. Mädchen erhalten ihren Namen gewöhnlich am Sabbat nach der Geburt oder wenn die Mutter zum ersten Mal wieder zur Synagoge kommt. Im Anschluß an die Beschneidung findet ein Festessen statt, an dem teilzunehmen eine *Mitzwa*, eine religiös verdienstliche Handlung ist.

Ist der Knabe der erste Sohn seiner Mutter und stammt nicht aus priesterlicher oder levitischer Familie (worauf Namen wie Kohn, Levi u. ä. hinweisen können), muß er ausgelöst werden: „Denn alle erstgeborenen Israeliten gehören mir, sowohl bei den Menschen als auch beim Vieh. An dem Tag, an dem ich in Ägypten alle Erstgeborenen erschlug, habe ich sie als mir heilig erklärt und habe die Leviten als Ersatz für alle erstgeborenen Israeliten genommen" (Num 8,17 f). Die „Auslösung des Sohnes" (*Pidjon ha-ben*) erfolgt gewöhnlich 31 Tage nach der Geburt (nicht an einem Sabbat oder Festtag): dabei präsentiert der Vater das Kind vor einem Kohen (Priester) und überreicht eine traditionell festgesetzte Geldsumme, deren Verwendung im freien Ermessen des Kohen liegt. Dieser legt dem Kind die Hände auf und spricht den Priestersegen (Num 5,24-26). Anschließend erfolgt auch hier ein religiös betontes Festmahl.

Das wesentliche Stichwort beim Eintritt in die jüdische Gemeinschaft, sei es durch Geburt und Beschneidung, sei es durch Konversion, ist der religiöse Grundbegriff des *Bundes*. Gott hat einst Abraham berufen, wegzuziehen aus seiner Heimat und von seiner Familie in das Land, das er ihm zeigen werde; dort werde er ihn zu einem großen Volk machen (Gen 12,1-3); in nächtlicher Vision „schloß der Herr mit Abram den folgenden Bund: Deinen Nachkommen gebe ich dieses Land vom Grenzbach Ägyptens bis zum großen Strom, dem Eufrat" (Gen 15,18). In der Gesetzgebung am Sinai wurde ganz Israel auf diesen Bund verpflichtet (Ex 24): „Der Herr, dein Gott, schließt heute mit dir diesen Bund, um dich heute als sein Volk einzusetzen und dein Gott zu werden, wie er es dir zugesagt und deinen Vätern Abraham, Isaak und Jakob geschworen hat" (Dtn 29,11f). Zwar ist Israel im Lauf seiner Geschichte diesem Bund immer wieder untreu gewesen; Gott aber hat sich daran gehalten und ihn zu erneuern versprochen: „Denn das wird der Bund sein, den ich nach diesen Tagen mit dem Haus Israel schließe – Spruch des Herrn: Ich lege mein Gesetz in sie hinein und schreibe es auf ihr Herz. Ich werde ihr Gott sein und sie werden mein Volk sein" (Jer 31,33).

Diese biblischen Basistexte bestimmen das Selbstverständnis Israels und des Judentums bis heute. Durch den Bund ist Israel ein exklusives Verhältnis mit seinem Gott eingegangen. Noch ehe sich der Monotheismus als theoretisches Prinzip durchgesetzt hat, hat sich Israel auf seinen Bundesherrn als alleinigen Gott festgelegt und bekennt dies im täglichen Morgen- und Abendgebet: „Höre, Israel, der Herr, unser Gott, der Herr ist einzig. Darum sollst du den Herrn, deinen Gott, lieben mit ganzem Herzen, mit ganzer Seele und mit ganzer Kraft…"

(Dtn 6,4f). Das hebräische Wort für „Höre", womit dieser Text beginnt, Schemá, ist zur Bezeichnung des Ganzen geworden, des grundlegenden Glaubensbekenntnisses Israels, wofür man auch sein Leben einsetzen muß.

Christlicher Trinitätsglaube steht diesem absolut verstandenen Monotheismus ebenso entgegen wie jede andere Möglichkeit, sich fremde Götter zu machen. Darin wurzelt aber auch das traditionelle *Bilderverbot*: „Du sollst dir kein Gottesbild machen und keine Darstellung von irgend etwas am Himmel droben, auf der Erde unten oder im Wasser unter der Erde. Du sollst dich nicht vor anderen Göttern niederwerfen und dich nicht verpflichten, ihnen zu dienen. Denn ich, der Herr, dein Gott, bin ein eifersüchtiger Gott" (Ex 20,4-6). Das Bewußtsein, daß Bilder inzwischen längst ihre religiöse Bedeutung als „Götterbilder" verloren haben, hat zwar schon in der Spätantike religiöse jüdische Kunst, ja sogar die Darstellung biblischer Szenen in Synagogen ermöglicht; doch auf Dauer hat sich das Bild in der Synagoge nicht halten können. Wie oft ein wenig vereinfachend gesagt wird, ist das Judentum eine Religion des Hörens, des Wortes, nicht des Schauens, des Bildes.

Zwar steht am Anfang der Bund Gottes mit einem einzelnen, mit Abraham. Doch von Anfang an ist dieser Bund mit Sicht auf das *Volk* geschlossen, das aus Abraham erstehen wird; am Sinai ist ganz Israel in diesen Bund hineingenommen worden, nicht auf jene begrenzt, die selbst am Gottesberg standen, sondern offen auf alle Zeiten und Nachfahren des Gottesvolkes hin. Das bedeutet, daß in der jüdischen Religion nicht so sehr der einzelne mit seinem persönlichen Verhältnis zu Gott im Vordergrund steht, nicht die individuelle Erlösung („Rette deine Seele"), sondern der einzelne immer auch als Vertreter des ganzen Volkes handelt und vor Gott steht. Was der von außen kommende Beobachter so oft, positiv wie auch negativ, als ehernes Zusammenhalten der Juden sieht, ist religiös begründet. Darin liegt die Bedeutung des schon erwähnten *Minjan* als Vertretung des Volkes vor Gott und deshalb sind auch die offiziellen Gebete gewöhnlich in der Mehrzahl formuliert. Das Bestreben, in der Diaspora nicht als Juden vereinzelt zu leben, sondern Gemeinden zu bilden, nach Möglichkeit auch eng beisammen zu wohnen (und zwar nicht nur als von außen aufgezwungenes Ghetto), erklärt sich aus der religiösen Orientierung auf Gemeinschaft und der Notwendigkeit einer solchen für ein volles religiöses Leben. Zwar darf man diesen kollektiven Aspekt jüdischer Religiosität nicht verabsolutieren; doch die Schwerpunktsetzung stimmt so. „Ganz Israel ist füreinander verantwortlich" (Schebuot 39 a).

Zugleich bedeutet das, daß ganz Israel, jeder Jude, in die gesamte *Geschichte* seines Volkes hineingestellt ist. Die Erfahrung der Erzväter, der Auszug aus Ägypten, die Offenbarung am Sinai und die Volkwerdung im Land der Verheißung werden eigene Geschichte jedes einzelnen, das je eigene Leben bestimmend, das ständige *Heute*. Wie keine andere Religion ist die des Judentums auf Geschichtserfahrungen gegründet, vom Glauben an ein Handeln Gottes in der Geschichte geprägt. Nicht nur die Grunderfahrungen biblischer Geschichte bestimmen jüdisches Selbstbewußtsein und den liturgischen Rhythmus des Jahres, auch spätere Geschichte wie Zerstörung des Tempels, Verfolgungen während der Kreuzzüge bis zu den Grauen des Holocaust geht in das kollektive Gedächtnis ein. *Zakhor*, „Gedenke!", ist eine Aufforderung, die fast refrainhaft die Bibel durchzieht und, auch wenn zeitweise jüdische Geschichtsschreibung zu erlöschen schien, jüdische Existenz immer bestimmt hat: „Sich erinnern ist das Geheimnis der Erlösung."

Religion und Volk, Volk und Geschichte gehören somit wesentlich zusammen. Dazu kommt aber ebenso wichtig noch ein weiteres Element, das *Land*. Die Berufung Abrahams und Gottes Bund mit ihm ist mit dem Versprechen verbunden, daß Gott seinen Nachkommen das Land vom Grenzbach Ägyptens bis zum Eufrat geben werde. Der Einzug der Israeliten in das Land der Verheißung ist Endpunkt einer langen Entwicklung der Volkwerdung, zugleich aber auch der religiösen Erfüllung. Am Sinai hatte Israel die Tora erhalten; ein Großteil ihrer Bestimmungen waren aber mit der Klausel verbunden, daß sie erst im Land Israel gültig würden, wie besonders das Deuteronomium immer wieder betont: „Hiermit lehre ich euch, wie es

16

mir der Herr, mein Gott, aufgetragen hat, Gesetze und Rechtsvorschriften. Ihr sollt sie *innerhalb des Landes* halten, in das ihr hineinzieht, um es in Besitz zu nehmen ... Daher sollst du auf seine Gesetze und seine Gebote, auf die ich dich heute verpflichte, achten, damit es dir und später deinen Nachkommen gut geht und du lange lebst *in dem Land*, das der Herr, dein Gott, dir gibt für alle Zeit" (Dtn 4,5 f. 40).

Das Land Israel, dessen Grenzen die Bibel nur vage und nicht einheitlich angibt, ist Gottes Erbbesitz; Israel ist darin nur zu Gast: „Das Land darf nicht endgültig verkauft werden; denn das Land gehört mir, und ihr seid nur Fremde und Halbbürger bei mir" (Lev 25,23). Als Land Gottes ist es in besonderer Weise heilig und rein zu halten. Damit wird etwa begründet, daß kein Gehenkter über Nacht am Galgen bleiben darf: „Du sollst das Land nicht unrein werden lassen, das der Herr, dein Gott, dir als Erbbesitz gibt" (Dtn 21,23). Durch die Sünden der Völker, die vor Israel im Land waren, „wurde das Land unrein... und das Land hat seine Bewohner ausgespien... Wird es etwa euch, wenn ihr es verunreinigt, nicht ebenso ausspeien, wie es das Volk vor euch ausgespien hat?" (Lev 18,25.28).

Im Land der Verheißung ist Israel zur Erfüllung gelangt, in Gemeinschaft mit Gott, wo dieser seinen Namen wohnen ließ. Hier allein durfte und mußte es alle Verpflichtungen des Bundes einhalten, alle Gebote erfüllen, die ausschließlich an das Land gebunden sind – Gesetze bei der Bearbeitung des Bodens, etwa in der Vermeidung von Mischsaaten, in der Abgabe der Erstlinge und des Zehnten, v.a. aber auch in der Brache des Landes alle sieben Jahre, im Sabbatjahr, wenn auch das Land „Sabbatruhe zur Ehre des Herrn" hält (Lev 25,2), die Einheit von heiligem Raum und heiliger Zeit in ganz besonderer Weise erlebt wird. Nur im Lande kann man somit voll und ganz als Mitglied des Bundesvolkes leben, nur hier voll Jude sein, wie aus Davids Klage deutlich wird: „Sie haben mich vertrieben, so daß ich jetzt nicht mehr am Erbbesitz des Herrn teilhaben kann. Sie sagen: Geh fort, diene anderen Göttern!" (1 Sam 26,19).

Als Nebukadnezzar im Jahre 586 Jerusalem und seinen Tempel zerstörte und die Oberschicht nach Babylonien deportierte, wurde dies denn auch als Strafe für Israels Untreue gegenüber dem Bund mit Gott verstanden; die gesamte Existenz der Religion Israels stand auf dem Spiel – eine Krise, deren theologische Bewältigung die Nationalreligion Israels zur jüdischen Religion werden ließ, die auch ohne eigenes Land, ohne eigenen Tempel zu überleben vermochte, eine Entwicklung ohne früheres Beispiel. Im Gegensatz zu den schon früher von den Assyrern verschleppten Bewohnern des Nordreichs Israels, Samarias, gingen die deportierten Judäer nicht spurlos in der fremden Umgebung auf. Das war der Anfang einer auf Dauer religiös überlebensfähigen Diaspora. Die damit verbundene Vergeistigung und Stärkung des religiösen Individuums kann nicht hoch genug eingeschätzt werden. Und dennoch hat das Judentum nie seine Bindung zum Land der Verheißung und vollen Verwirklichung der Gemeinschaft mit Gott aufgegeben. Die Heimkehr der Zerstreuten aus aller Welt in das Land gehört zu den ständigen Trostverheißungen der Propheten (z.B. Jes 49): „Dann bauen sie die uralten Trümmerstätten wieder auf, und richten die Ruinen ihrer Vorfahren wieder her. Die verödeten Städte erbauen sie neu, die Ruinen vergangener Generationen" (Jes 61,4f).

Mit der Heimkehr eines Teiles aus dem babylonischen Exil und der Wiedererrichtung eines jüdischen Gemeinwesens um den neu erbauten Tempel in Jerusalem gingen diese Verheißungen jedoch nie ganz in Erfüllung. Nur in einem kleinen Teil des Landes herrschte das Gesetz der Tora, der größere Teil war von Nichtjuden bewohnt. Zwar vermochten die Makkabäer und ihre Nachfahren nochmals den Bereich, in dem die Religion Israels galt, weithin auszudehnen. Doch mit dem römischen Einfluß in der Region seit Pompejus und der Eingliederung Judäas in das Römische Reich schwand der Territorialanspruch jüdischer Religion und erlosch mit dem Untergang Jerusalems und seines Tempels im Jahre 70 nach menschlichem Ermessen auf Dauer.

Die geistige Entwicklung des Judentums seit dem babylonischen Exil ließ es auch diese Krise bewältigen. Die Diaspora sollte immer mehr zur Grundform jüdischer Existenz werden. Und dennoch blieb die Bindung an das Land der Verheißung Grundelement jüdischer Religion, im täglichen Gebet wachgehalten: „Stoße in die große Posaune zu unserer Befreiung und erhebe das Banner, um unsere Verbannten zusammenzuholen, und hole uns alle zur Einheit von den vier Enden der Erde zusammen... Nach deiner Stadt Jerusalem kehre in Erbarmen zurück, wohne darin..." (Achtzehngebet). Die Sehnsucht nach Zion ist durch die Jahrhunderte lebendig geblieben und hat immer wieder einzelne oder kleine Gruppen aufbrechen lassen, um sich auch unter härtesten Bedingungen an heiliger Stätte niederzulassen. Die Bibel, das „tragbare Vaterland" des Juden, ließ ihn in der Diaspora überleben, hielt aber auch stets die Hoffnung auf Rückkehr in das gottgegebene Land wach. Anders als das Christentum hat das Judentum seine territoriale Dimension nie verloren, trotz der Ausschau auf das himmlische Jerusalem die Füße immer auf dem Boden behalten.

Mit der Erwartung völliger Gleichberechtigung in den Ländern, die längst ihre Heimat geworden waren, verlor zwar für viele Anhänger von Reform und Erneuerung im Judentum die Hoffnung auf Rückkehr in das Land der Väter ihre konkrete Bedeutung; vielfach strich man diese Passagen als unzeitgemäß aus dem Gebetbuch – erst die Entwicklung der letzten Zeit hat hier im Reformjudentum Amerikas zu einem Umdenken geführt. Aber auch für weite Kreise der Orthodoxie war die Einsammlung der Juden aus allen Ländern des Exils zu einer vagen Zukunftshoffnung verblaßt, deren Verwirklichung man Gott und seinem Messias zu überlassen habe. Der Zionismus ist nicht als religiöse Bewegung entstanden, im Gegenteil. Doch wie laizistisch er sich auch geben mochte, haben doch darin uralte religiöse Hoffnungen und Gedanken Gestalt gefunden. Mag auch das heutige Israel ein Staat wie alle anderen sein, dessen religiöse Beurteilung auch innerjüdisch nicht einhellig ist, darf man doch nie aus den Augen verlieren: Das heilige Land (ganz gleich in welchen Grenzen) ist für jüdische Religion ein biblisch vorgegebenes Grundelement, unverzichtbar, will sie nicht den Boden unter den Füßen verlieren.

Ein weiteres Stichwort ist schon mehrfach angeklungen: Die *Erwählung Israels*. Der Gedanke, das auserwählte Volk zu sein, ist Juden als Dünkel und Chauvinismus, als „völkischer Erwählungstrotz" vorgeworfen worden. Was besagt die Vorstellung der Erwählung wirklich? „Du bist ein Volk, das dem Herrn, deinem Gott, heilig ist. Dich hat der Herr, dein Gott, ausgewählt, damit du unter allen Völkern, die auf der Erde leben, das Volk wirst, das ihm persönlich gehört. Nicht weil ihr zahlreicher als die anderen Völker wäret, hat euch der Herr ins Herz geschlossen und ausgewählt; ihr seid das kleinste unter allen Völkern. Weil der Herr euch liebt..." (Dtn 7,7f). „Ich habe zu dir gesagt: Du bist mein Knecht, ich habe dich erwählt und dich nicht verschmäht. Fürchte dich nicht, denn ich bin mit dir, ja ich halte dich mit meiner hilfreichen Rechten" (Jes 41,9f).

Die Erwählung ist nicht eigenes Verdienst Israels, sondern freies Handeln Gottes, nicht nur Vorzug, sondern Beauftragung als „Knecht" Gottes, der seine Aufgabe nur erfüllen kann, wenn Gott ihm hilft. Diese Berufung zur Tora, nach rabbinischer Erzählung zuerst allen anderen Völkern angeboten, aber nur von Israel ohne Wenn und Aber angenommen, ist ihm oft zur übergroßen Last geworden, zur Vereinsamung, wie es im Spruch Bileams heißt: „ein Volk, das abseits wohnt, es zählt sich nicht zu den Völkern" (Num 23,9).

Die Absicht der Verräter in der Zeit der Makkabäer wird so formuliert: „Sie sagten: Wir wollen einen Bund mit den fremden Völkern schließen, die rings um uns leben; denn seit wir uns von ihnen abgesondert haben, geht es uns schlecht" (1 Mak 1,11). Die Toratreuen aber hielten an ihrer Aufgabe fest, auch wenn dies oft mißverstanden, von den Heiden als „Haß des Menschengeschlechtes" gedeutet wurde. Auch nach der großen Katastrophe des Jahres 70, als die Behauptung besonderer Erwählung durch Gott absurd und lächerlich erscheinen mochte, und auch, als das aufsteigende Christentum lautstark sich als das „wahre Israel" bezeichnete, hielt das Judentum am Glauben fest, von Gott erwählt zu sein. Schon im Talmud belegt ist der Segensspruch der Liturgie: „Gepriesen seist du, Herr, der du uns von allen Völkern erwählt und uns deine Tora gegeben hast." Ähnlich heißt es in der Feiertagsliturgie: „Du hast uns auserwählt aus allen Völkern. Du hast uns geliebt und an uns Gefallen gefunden. Du hast uns erhöht über alle Zungen, indem du uns geheiligt hast durch deine Gebote und uns, o unser König, hinführst zu deinem Dienst."

Die Erwählung geht also rein von Gott aus, gründet nicht auf eigenen Vorzügen oder Verdiensten, sondern allein auf seiner erwählenden Liebe und der Bereitschaft des Erwählten, den Dienst anzunehmen, in der Tora zu leben und dafür Zeuge zu sein. So verstehen die Rabbinen sogar die Strafe der Zerstreuung in der Diaspora als Chance, der eigenen Aufgabe gerecht zu werden und in der Welt als Zeugen der Tora zu leben. „Nur deshalb hat der Heilige, gepriesen sei er, Israel ins Exil gebracht, damit sich ihnen Proselyten anschließen" (Talmud Pesachim 87b). Wer immer dem Wort der Tora folgt, gehört voll dem auserwählten Volk an und darf, wie Maimonides dem Proselyten Obadja beschieden hat, natürlich auch beten „der du uns erwählt hast...": „Denn der Schöpfer hat dich schon erwählt und von den Völkern getrennt und dir die Tora gegeben, wie die Tora uns und den Proselyten gegeben wurde... Wenn wir von Abraham, Isaak und Jakob abstammen, so du von dem, durch dessen Wort die Welt wurde."

Da die Erwählung Israels eine Trennung von den „Völkern" bedeutet, stellt sich sofort die Frage nach der Einstellung zu den *Nichtjuden*. Sind diese „Götzendiener", haben sie nach biblisch-rabbinischer Tradition kein Recht, im Heiligen Land zu wohnen, und muß ein Jude auch anderswo größte Distanz zu ihnen halten. Doch weiß die Bibel auch von einem Bund Gottes mit Noach, der zwischen Gott „und allen Wesen aus Fleisch auf der Erde" gilt (Gen 9). Von hier werden die (meist als sieben gezählten) „noachidischen Gebote" abgeleitet: Verboten sind Götzendienst, Gotteslästerung, Unzucht, Mord, Raub und der Genuß eines Gliedes eines noch lebenden Tiers; geboten ist die Einrichtung einer Rechtsordnung. Wer sich an diese Grundregeln hält, gilt nicht als „Götzendiener", sondern als „Frommer der Weltvölker", der seinen Platz in der göttlichen Weltordnung hat, auch wenn er nicht zum Judentum übertritt. Anhänger des Islam hat man von Anfang an dieser Kategorie zugeordnet; Christen hat man (vor allem wegen des Glaubens an die göttliche Trinität) erst im Lauf des Mittelalters und auch dann nicht einhellig diesen Status zuerkannt: hier hing immer viel vom aktuellen Verhältnis der christlichen Umwelt zu den jüdischen Gemeinden ab. Der christliche Grundsatz „kein Heil außerhalb der Kirche" findet auf jeden Fall im Judentum trotz des ausgeprägten Erwählungsglaubens kein Gegenstück.

Jüdische Religion vereint also Abstammung und freie persönliche Wahl. An der Aufgabe mitzuwirken, die Israel einst auf sich genommen hat, ist jeder willkommen. Volksgemeinschaft und Religion verschränken sich. Nation und Land gehen in den Begriff der jüdischen Religion ein, die andererseits wie keine andere vergeistigt ist als Religion des Wortes, des Buches.

## II. Das jüdische Haus

Noch ehe das Kind in Synagoge und Unterricht formell in jüdische Religion eingeführt wird, erlebt es diese als den Alltag prägende Wirklichkeit zu Hause. So wächst es, wo man sich an die Tradition hält, ganz von selbst in jüdisches Leben hinein, wobei natürlich der Mutter eine wesentliche Rolle zukommt.

Schon von außen unterscheidet sich ein jüdisches Haus durch die *Mezuza* (wörtlich „Türpfosten"), einen am rechten Türpfosten von Eingang und Wohnräumen befestigten kleinen, oft kunstvoll gefertigten Behälter, in dem sich ein Pergamentröllchen befindet. Darauf stehen handgeschrieben zwei Bibeltexte, Dtn 6,4-9 („Höre, Israel!") und 11,13-21, aus dessen wörtlichem Verständnis sich der Brauch ableitet: „Du sollst sie (die Worte der Tora) auf die Türpfosten deines Hauses und in deine Stadttore schreiben." Die ältesten Exemplare, etwa 2000 Jahre alt und heutigen *Mezuzot* (Mehrz.) schon sehr ähnlich, kennt man aus Qumran am Toten Meer; in monumentaler Form als Inschriften auf Stein sind Belege aus samaritanischen Häusern und Synagogen byzantinischer Zeit erhalten. Der Brauch, über die Jahrtausende durchgehalten, ist also ein äußeres Bekenntnis zum Wort Gottes, unter dem das Haus und seine Bewohner stehen.

Die *Kleidung*, früher ein wesentliches Unterscheidungsmerkmal zwischen den Religionen, von der staatlichen Obrigkeit erzwungen (man denke nur an Judenstern, gelben Fleck oder, im Mittelalter, den Judenhut) und dann auch von der jüdischen Führung als Abgrenzung gegenüber der Umwelt hochgeschätzt, hat sich inzwischen fast ganz der Umwelt angepaßt. Schwarzer Kaftan und Pelzmütze („Streimel"), einst Tracht der osteuropäischen Juden, haben sich nur noch in chasidischen Gruppen gehalten. Das biblische Verbot „Du sollst kein aus zweierlei Fäden gewebtes Kleid anlegen" (Lev 19,19) bezieht sich streng genommen nur auf Flachs und Wolle und hat heute praktische Bedeutung fast nur in Kreisen, die das Verbot ganz allgemein nehmen und auch auf Kunstfasern ausdehnen.

Im Alltag kaum noch sichtbar ist die Einhaltung eines anderen biblischen Gebotes: „Rede zu den Israeliten und sag zu ihnen, sie sollen sich Quasten an ihre Kleiderzipfel nähen, von Generation zu Generation, und sollen an den Quasten eine violette Purpurschnur anbringen; sie soll bei euch zur Quaste gehören. Wenn ihr sie seht, werdet ihr euch an alle Gebote des Herrn erinnern" (Num 15,38 f). Dies bezog man auf viereckige Kleidungsstücke, die nicht mehr üblich sind. So haben sich diese Quasten (*Tsitsit*) nur am Gebetsmantel (*Tallit*) gehalten, der zu den Gottesdiensten in der Synagoge, gelegentlich auch noch daheim beim Gebet getragen wird. Um das Gebot auch im Alltag zu erfüllen, tragen fromme Juden stets einen „kleinen *Tallit*" unter dem Hemd; nur in ganz orthodoxen Kreisen läßt man die Fransen offen nach außen sehen.

Hier sind auch die *Gebetsriemen* (*Tefillin*, von hebr. *tefilla*, Gebet) zu nennen, Lederriemen, an denen kleine Behälter mit Bibeltexten befestigt sind und die der Mann beim Gebet daheim, v. a. aber in der Synagoge trägt. Die biblische Begründung findet sich in Dtn 11,18: „Diese meine Worte sollt ihr auf euer Herz und auf eure Seele schreiben. Ihr sollt sie als Zeichen um das Handgelenk binden. Sie sollen zum Schmuck auf eurer Stirn werden." Auch solche Tefillin hat man in Qumran gefunden, und auch das Neue Testament spricht davon. Da sie nur an Wochentagen üblich sind, ist die Sitte, Tefillin zu tragen, stark zurückgegangen. Die *Kopfbedeckung*, die Männern bei Gebet (damit auch beim Essen) und anderen religiösen Handlungen vorgeschrieben ist und von Orthodoxen in Form eines kleinen Käppchens (*Kippa*) ständig getragen wird, ist nicht biblisch begründet. Im Altertum durften nur freie Menschen einen Hut tragen; so drückt der Brauch wohl aus, daß Juden als Kinder Gottes alle frei sind. Nur erwähnt seien hier auch religiös begründete Formen der *Haartracht*, v. a. Bart und Schläfenlocken, die man in orthodoxen Kreisen überhaupt nicht kürzt, gestützt auf Lev 19,27: „Ihr sollt nicht abrunden die Ecke eures Haupthaars. Du sollst nicht zerstören die Ecke deines Bartes" (vgl. 21,5); beide Verbote waren vielleicht ursprünglich Abwehr von Aberglauben (der sich ja in vielfacher Form an

Haar und Haarschnitt knüpft), vielleicht auch nur Abgrenzung gegenüber anderen Stämmen.

Diese Bräuche als bloße Äußerlichkeiten abzutun wäre ein Mißverständnis. Hinter ihnen steht der Glaube, daß ein Gebot der Bibel auf ewig gilt und äußere Zeichen Symbolwert – in vielen Fällen von der Bibel selbst angegeben – und Bekenntnischarakter besitzen, Religion nie rein innerlich ist. Zeichen schaffen die Atmosphäre, in der Religion den Alltag und das gesamte Leben durchdringt.

In besonderer Weise gilt dies für die *Speisegesetze*, den wesentlichen Bereich der *Kaschrut* („Tauglichkeit, rituelle Eignung"; jidd. *koscher* bzw. hebr. *kascher*: „tauglich, rituell rein"), der den traditionellen jüdischen Haushalt kennzeichnet. Die Grundbestimmungen finden sich in der Bibel. Lev 11 unterscheidet reine, zum Essen erlaubte, und unreine Tiere: „Alle Tiere, die gespaltene Klauen haben, Paarzeher sind und wiederkäuen, dürft ihr essen" (V. 3); damit ist z. B. das Schwein ausdrücklich verboten. „Alle Tiere mit Flossen und Schuppen, die im Wasser, in Meeren und Flüssen leben, dürft ihr essen" (V. 9); Aal und Krebs, Muscheln und Tintenfisch sind nach diesen Kriterien verboten. Auch verschiedene Raubvögel und die meisten Kleintiere sind nicht zum Essen erlaubt (11,13-30).

Es wäre falsch, die hier vorgenommene Klassifikation nach naturwissenschaftlichen Kriterien zu beurteilen (wenn etwa V. 6 den Hasen als Wiederkäuer zählt) oder gewisse Verbote mit hygienischen Erfahrungen zu begründen, daß etwa Schweinefleisch in heißem Klima nicht haltbar sei u. ä. Eher könnte man daran denken, daß z. B. das Schwein in vielen Kulten das bevorzugte Opfertier war; da alles Schlachten in der Antike irgendwie in den religiösen Bereich des Opferns gehörte, zog ein solches Verbot eine deutliche Trennlinie zu heidnischen Kulten. Dieses Motiv gilt natürlich nicht für viele andere Verbote. Man kann nur noch vermuten, daß hinter dieser Einteilung der Tierwelt eine priesterliche Klassifikation des Seienden nach Ordnung und Unordnung, Leben und Chaos steht, ohne ein allgemein passendes Erklärungsmodell bieten zu können. Wer in biblischer Tradition lebt, dem genügt ohnedies, daß es so in der

Bibel steht; Begründungen zu suchen würde immer auch die Begründung von Ausnahmen ermöglichen.

Ein zweites Grundelement der Speisegesetze ist das Verbot, *Blut* zu genießen: „Jeder Mann aus dem Haus Israel oder jeder Fremde in eurer Mitte, der irgendwie Blut genießt, gegen einen solchen werde ich mein Angesicht wenden und ihn aus der Mitte seines Volkes ausmerzen. Die Lebenskraft des Fleisches sitzt nämlich im Blut. Dieses Blut habe ich euch gegeben, damit ihr auf dem Altar für euer Leben die Sühne vollzieht; denn das Blut ist es, das für ein Leben sühnt" (Lev 17,11 f). „Nur Fleisch, in dem noch Blut ist, dürft ihr nicht essen" (Gen 9,4). Dieses absolute Blutverbot bedingt die Schlachtmethode des *Schächtens* (hebr. *schachat*, „schlachten"): Dabei durchschneidet der eigens ausgebildete Schächter mit einem schartenfreien Messer in einem Zug Halsschlagader, Luft- und Speiseröhre, so daß das Blut ganz abrinnen kann. Letzte Blutreste werden durch Einsalzen des Fleisches vor seiner Zubereitung entfernt. Da man das Tier vor der Schächtung nicht betäuben darf, wenden sich Tierschützer oft gegen diese Methode (in der Schweiz ist das Schächten deshalb verboten); doch bleibt sie (wie im Islam) aus religiösen Gründen unverzichtbar. Auf der Jagd erlegtes Wild ist, da nicht koscher geschlachtet, selbstverständlich nicht erlaubt.

Dritte Basis der Speisegesetze ist Ex 23,19: „Das Junge einer Ziege sollst du nicht in der Milch seiner Mutter kochen" (auch 34,26; Dtn 14,21). Ursprünglich vielleicht Abwehr eines Fruchtbarkeitszaubers, wurde das Verbot immer mehr verallgemeinert: Wer sich nicht auf dem eigenen Hof selbst versorgte, sondern auf dem Markt Lebensmittel kaufte, konnte ja nicht wissen, woher Fleisch und Milch kamen. Vor allem aber hat die dreifache Nennung des Verbots in der Bibel dazu geführt, darin nicht nur das Kochen, sondern auch das Essen und jegliche Nutznießung von Fleisch (und sei es auch von Geflügel) in Verbindung mit Milch zu verbieten. Die Verschärfung dieses Verbots in der weiteren Tradition ergab eine völlige Trennung von Fleisch- und Milchprodukten bei einer Mahlzeit (nach einem Fleischgericht ist ein längerer zeitlicher Abstand vorgeschrieben, bevor etwa als Nachspeise Käse gegessen oder Kaffee mit Milch genommen werden darf). Auch getrenntes Geschirr (ausgenommen Glas, das als neutral gilt, da es nicht so leicht Geruch oder Geschmack annimmt) und Besteck, ebenso eigene Abwäschen für „milchiges" und „fleischiges" Geschirr sollen beide Bereiche strikt auseinanderhalten. In koscheren Restaurants werden entweder nur Fleisch- oder Milchspeisen serviert oder beide Bereiche räumlich völlig getrennt.

Jede religiöse Tradition neigt dazu, ihre Verbote ständig auszuweiten, um damit den eigentlichen Kern immer mehr abzusichern, oder, wie die Rabbinen sagen, „einen Zaun um die Tora" zu errichten. Besonders gut läßt sich dies bei den Speisegesetzen seit der Antike verfolgen, wobei verschiedenste Motive mitspielen. Neben die Absicherung biblischer Vorschriften rückt schon früh die *Abgrenzung von Nichtjuden*: Daniel ißt nicht, was ihm am königlichen Hof zugewiesen wird, um sich nicht zu verunreinigen, und nimmt nur pflanzliche Kost an (Dan 1,8-16). Ebenso nimmt Judit nichts von der Tafel des Holofernes, sondern versorgt sich selbst mit mitgebrachten Lebensmitteln (Wein, Öl, Gerstenmehl, Feigen und Brote: Jdt 10,5; 12,1 f). Wein wurde in der Antike für Trankopfer (*Libation*) verwendet, Olivenöl zur Salbung der Athleten in den heidnischen Wettkämpfen benutzt, beides daher mit Götzendienst assoziiert und daher Juden verboten. Dazu kam bald die Ablehnung von nichtjüdischem Brot und Käse (bei dem das verwendete Gerinnungsmittel problematisch ist). Rituelle Reinheitsvorschriften spielten dabei ebenso eine Rolle wie die Frage der im Land Israel geltenden biblischen Gesetze für die Landwirtschaft.

Vor allem aber war es die Frage sozialen Kontakts mit Nichtjuden. Schon Tacitus kennzeichnet daher die Juden als *separati epulis*, „getrennt bei Mahlzeiten". Was noch bei den frühen Christen ein Problem war (1 Kor 8), war dies um so mehr für auf die volle gesetzliche Tradition bedachten Juden: Die Grenze zwischen rein sozialem Kontakt und religiöser Vermischung war nicht leicht zu ziehen, Essen immer auch Teil der religiösen Welt. Zugleich hat wohl immer auch die Sorge mitgespielt, daß zu enge soziale Kontakte und Tischgemeinschaft die Gefahr von Mischehen mitbrächten. Daß solche Auffassungen nicht einseitig von Juden vertreten wurden, sieht man klar in den zahlreichen Verboten christlicher Synoden seit der Spätantike, mit Juden Tischgemeinschaft zu pflegen.

Manchmal verweist man auf die *wirtschaftliche* Bedeutung, die Sicherung eines geschlossenen Marktes, der mit der Erteilung der Bestätigung, was koscher ist, verbunden sei. Im Einzelfall hat dies sicher seit der Antike mitgespielt; der Eindruck konnte sich verstärken, da seit dem Mittelalter jüdische Gemeinden sich vielfach über Abgaben auf koscheres Fleisch u.ä. finanzieren mußten; auch ist nicht zu übersehen, daß die Erteilung eines Koscherzeugnisses oft an Auflagen gebunden wird, die nichts mit Lebensmitteln und Küche zu tun haben, sondern etwa mit der allgemeinen Führung eines Hotels oder der Werbung einer Firma. Verglichen mit den eigentlichen Gründen der Speisegesetze sind das Randphänomene; doch verdeutlichen sie die Bedeutung, die etwas dem Außenstehenden so Profanes wie das Essen für das religiöse Bewußtsein hat.

Was gilt von all dem in der heutigen Praxis? Wie in allen Fragen des religiösen Lebens gibt es auch hier eine große Bandbreite auch in religiös bewußten Kreisen. Das Spektrum reicht von der vollen Einhaltung sämtlicher traditioneller Vorschriften mit der Notwendigkeit, eine doppelte Küche zu führen oder auf Fleisch mehr oder weniger zu verzichten und auswärts außer Mitgebrachtem fast nur Brot und Obst zu essen, bis zur Position des Reformjudentums, das Speisegesetze als zeitbedingte äußere Formen betrachtet, die heute nicht mehr verpflichten bzw. dem Ermessen des einzelnen überlassen sind. Essen von Schweinefleisch galt schon in der Religionsverfolgung der Makkabäerzeit als Zeichen des Abfalls vom Judentum (2 Mak 6,18-21); Verzicht darauf hat darum bis heute auch bei Leuten, die auf „äußere Tradition" wenig halten, einen gewissen Bekenntnischarakter bewahrt und kann so als breiter Minimalkonsens betrachtet werden.

Es kommt aber nicht nur darauf an, *was* man ißt. Seit Zerstörung des Tempels hat der häusliche Tisch gewissermaßen den Altar ersetzt, ist viel von den Vorschriften, die einst nur für den Tempelbereich galten, auf das Heim übergegangen. Vor dem Essen wäscht man sich nach festgeschriebenem Ritus (also nicht einfach zur Reinigung) unter Rezitation eines Segensspruches die Hände. Mit dem Segen über das Brot – „Gepriesen seist du, Herr, unser Gott, der du Brot aus der Erde hervorbringst" – beginnt das Mahl. Das eigentliche *Tischgebet* kommt nach dem Essen gemäß Dtn 8,10: „Und wenn du gegessen hast und sattgeworden bist, dann preise den Herrn, deinen Gott, für das prächtige Land, das er dir gegeben hat." So preist man im Tischgebet, dessen viergliedrige Grundstruktur auf frühe rabbinische Zeit zurückgeht, zuerst Gott als den, der die ganze Welt ernährt, und dankt ihm dann für das Land, in das er sein Volk aus der Knechtschaft in Ägypten geführt hat, für den Bund und die Tora. Es folgt die Bitte, daß Gott sich Jerusalems und des Hauses Davids erbarme: „Und erbaue Jerusalem, die heilige Stadt, bald in unseren Tagen." Der vierte Segensspruch schließlich preist Gott als den, der gut ist und Gutes tut und auf dessen Wohltaten man auch in Zukunft hoffen darf.

Das Tischgebet geht also weit über den Anlaß des gemeinsamen Mahls hinaus; in jedem Mahl konstituiert sich von neuem das Volk des Bundes, spannt sich daher der Bogen von den Anfängen des Volkes Israel in seinem Land bis zur erhofften Wiedererrichtung Jerusalems in alter Größe. Auf diese Hoffnung weist auch der *Mizrach* („Osten"), der sich in traditionellen Häusern vielfach an der Ostwand des Wohnzimmers findet, meist eine Darstellung Jerusalems oder des Tempels, auf Papier gemalt oder gedruckt oder auch als gesticktes Bild, das die Gebetsrichtung anzeigt.

Zu den *häuslichen Gebeten* gehören, soweit nicht in die Synagoge verlegt, auch Morgen- und Abendgebet und Segenssprüche zu den verschiedensten Anlässen. Vor allem aber wird die religiöse Atmosphäre des jüdischen Hauses am *Sabbat* spürbar. „Gedenke des Sabbats: Halte ihn heilig. Sechs Tage darfst du schaffen und jede Arbeit tun. Der siebte Tag ist ein Ruhetag, dem Herrn, deinem Gott geweiht. An ihm darfst du keine Arbeit tun... Denn in sechs Tagen hat der Herr Himmel, Erde und Meer gemacht und alles, was dazugehört; am siebten Tag ruhte er" (Ex 20,8-10). Was hier mit Gottes Ruhen nach der Schöpfung, also universal begründet wird, ist in Dtn 5,15 direkt auf Israels Geschichte bezogen: „Denk daran: Als du in Ägypten Sklave warst, hat dich der Herr, dein Gott, mit starker Hand und hoch erhobenem Arm dort herausgeführt. Darum hat es dir der Herr, dein Gott, zur Pflicht gemacht, den Sabbat zu halten."

In einer Zeit, da ein freies Wochenende zu den allgemeinen Errungenschaften unserer Sozialordnung gehört, kann man sich kaum noch vorstellen, wie ungewöhnlich in der antiken Welt ein von Arbeit freier Tag der Woche war. Kaum etwas ist dem heidnischen Beobachter der Antike so sehr am Juden aufgefallen wie die Sabbatruhe. So zitiert etwa Augustinus den Philosophen Seneca, der am jüdischen Aberglauben vor allem den Sabbat tadelte, „da sie etwa den siebten Teil ihres Lebens mit Nichtstun verlieren". Auch Tacitus hat den Sabbat vor allem mit Faulheit verbunden. Erst mit Übernahme der biblischen Tradition durch das Christentum hat sich der wöchentliche Ruhetag langsam allgemein durchgesetzt.

Für das Judentum ist der Sabbat, wie die Bibeltexte zeigen, mit der Ruhe Gottes nach der Schöpfung und mit der Erlösung aus der Sklaverei Ägyptens verbunden. Was konkret als Arbeit zu betrachten ist, definiert die Bibel nicht, auch wenn einzelnes schon in ihr ganz explizit verboten ist. „Jeder bleibe, wo er ist. Am siebten Tag verlasse niemand seinen Platz" (Ex 16,29). „Am Sabbat sollt ihr in keiner eurer Wohnstätten Feuer anzünden" (35,3). „Morgen ist Feiertag, heiliger Sabbat zur Ehre des Herrn. Backt, was ihr backen wollt, und kocht, was ihr kochen wollt, den Rest bewahrt bis morgen früh auf" (16,25): Demnach ist Backen und Kochen am Sabbat nicht erlaubt. Da die Sabbatruhe neben allen Menschen im Haushalt auch das Vieh einschließt, ist natürlich landwirtschaftliche Arbeit verboten. Jer 17,21f nennt den Transport von Lasten in die Stadt oder aus den Häusern, Neh 13,15-22 jeglichen Handel; laut Jes 58,13f soll man am Sabbat von Geschäften gar nicht reden.

Im Lauf der Zeit hat man die verschiedenen Hinweise der Bibel zusammengetragen und systematisiert, so etwa im Buch der Jubiläen (2. Jh. v.), in verschiedenen Texten von Qumran und später im Mischnatraktat Schabbat. Wie absolut man die Sabbatruhe nahm, sieht man zu Beginn des Makkabäeraufstands: Die von syrischen Soldaten am Sabbat angegriffenen Frommen ließen sich ohne Gegenwehr töten; erst dann erklärte man zumindest die Selbstverteidigung am Sabbat für erlaubt (1 Mak 2,29-41). Von da an galt als selbstverständliches Prinzip, daß am Sabbat alles erlaubt ist, was mit Lebensrettung zu tun hat.

„Die Israeliten sollen also den Sabbat ... als einen ewigen Bund halten. Für alle Zeiten wird er ein Zeichen zwischen mir und den Israeliten sein" (Ex 31,16f; vgl. Ez 20,12). Damit ist der Sabbat schon früh zu einem Bekenntnissymbol geworden; seine Einhaltung wurde ebenso wie die Beschneidung immer verboten, wo man das Judentum als solches angreifen wollte, andererseits schon im römischen Reich in die Anerkennung der jüdischen Religion ausdrücklich eingeschlossen: Wegen des Sabbats wurden Juden nicht als Soldaten rekrutiert; am Sabbat durften sie nicht vor Behörde oder Gericht zitiert werden und sogar Lebensmittelzuteilungen, auf die in Rom einst Juden wie alle römischen Bürger Anspruch hatten, mußten sie nicht am Sabbat abholen.

In Israel ruht heute am Sabbat (auch unter dem Druck religiöser Gruppen, wo es andere nicht so genau nehmen) fast das gesamte Leben: auch Restaurants und Kinos bleiben selbstverständlich geschlossen, Sportveranstaltungen finden kaum statt, der öffentliche Verkehr ruht. In nichtjüdischer Umwelt ist das strikte Einhalten des Sabbat auch heute nicht immer leicht und beeinflußt die Wahl des Berufes wie der Schule für die Kinder (am Sabbat darf man auch nicht schreiben), aber auch der Wohngegend, da man am Sabbat kein Verkehrsmittel benutzt und die Synagoge, aber auch Angehörige und Freunde zu Fuß erreichbar sein sollen.

Es wäre falsch, die Sabbatruhe einfach als Verbot der meisten Tätigkeiten zu verstehen. Im Vordergrund steht das Positive, ein Abschalten vom Alltag, um sich auf das Wesentliche zu besinnen, die Schöpfungsordnung, den Bund, die Verheißungen des Jenseits, dessen Vorwegnahme die Sabbatruhe ist. Das Verbot, am Sabbat Feuer anzuzünden, das nach modernem Verständnis auch das Einschalten elektrischer Geräte, ja sogar des Lichts einschließt, beeinflußt nicht nur die Kochgewohnheiten (Gerichte, die unbeschadet lange warmgehalten werden können), sondern den ganzen Lebensrhythmus; der Raucher zündet sich keine Zigarette an und auch Fernsehen und Radio lenken nicht ab. So ist man sich zumindest einen Tag der Woche bewußt, daß trotz allen technischen Fortschritts Gott allein es ist, der „das Licht erschafft und das Dunkel macht" (Jes 45,7). Zugleich ist der Sabbat, an dem jeder daheim sein soll (Ex 16,29), in ganz besonderer Weise der Tag der Familie, des Gesprächs, der Besinnung und der Lektüre.

Durch die Jahrhunderte hat der Sabbat Kraft geschenkt, in einer oft feindseligen Umgebung bewußt zur jüdischen Tradition zu stehen. Auch hier hat Reform und Säkularisierung seit dem 19. Jh. in weiten Kreisen des Judentums viel an der äußeren Praxis verändert; doch sogar dort, wo nur noch die Sabbatleuchter geblieben sind, sollte man Symbol- und Integrationskraft des Sabbat nicht unterschätzen.

Nach biblischem Verständnis – man denke nur an den Schöpfungsbericht: „Es wurde Abend, es wurde Morgen: erster Tag" – beginnt der Tag mit Sonnenuntergang. So setzt der Sabbat Freitag mit dem Sonnenuntergang ein und dauert bis zum Samstagabend, ist also von Jahreszeit und Ort abhängig. Der Freitagnachmittag ist den letzten Vorbereitungen für den Sabbat gewidmet. Während die übrige Familie zum Abendgottesdienst in der Synagoge ist, entzündet die Hausfrau gerade vor Sabbatbeginn daheim die beiden Sabbatkerzen, oft auf Silberleuchtern, die Erbbesitz der Familie sind. Mit den Handrücken bedeckt sie die geschlossenen Augen, während sie den Segen über das Licht spricht.

Sobald die Familie von der Synagoge zurückgekommen ist, beginnt das feierliche Mahl, zu dem sich vielfach die größere Familie einfindet, die sonst nicht mehr im gemeinsamen Haus wohnt, und auch Gäste geladen werden, vor allem Juden, die den Sabbat aus irgendeinem Grund nicht mit ihrer Familie begehen können. Der Hausvater füllt zum *Qiddusch* (der „Heiligung" des Tages) den Becher mit Wein und trägt dazu Gen 2,1-3 vor, das Ende des ersten biblischen Schöpfungsberichts. Es folgt der Segen über den Wein: „Gepriesen seist du, Herr, unser Gott, König der Welt, der die Frucht des Weinstocks erschafft". Dem schließt sich der Segen über den Sabbat an, worin Schöpfung und Befreiung aus Ägypten genannt werden. Dann macht der Becher die Runde, wobei auch die Kinder zumindest einige Tropfen trinken. Unter einer bestickten Decke liegen auf dem Tisch zwei weiße Sabbatbrote (*Challa*, Mehrz. *Challot*), entsprechend der zweifachen Menge Manna, die die Israeliten in der Wüste am Freitag vorfanden (Ex 16,5). Diese hebt nun der Vater zum Segen, schneidet sie an und verteilt die in etwas Salz getauchten Stücke in der Runde; damit nimmt das Essen seinen Gang.

Das Sabbatmahl würdig zu gestalten ist eine religiöse Pflicht, wofür man keine Mühen und Ausgaben scheuen soll. Der Talmud kennt so manche Erzählung über Leute, die für einen schönen Fisch zum Sabbatmahl jeden Preis bezahlten. „Wer dem Sabbat leiht, dem zahlt es der Sabbat zurück" (Schabbat 119a). Auch soll man am Sabbat drei Mahlzeiten zu sich nehmen, was in früheren – meist viel ärmeren Zeiten – durchaus nicht allgemein üblich war. Das dritte Mahl (nach Freitagabend und Frühstück) findet meist am frühen Nachmittag des Sabbat statt, warmgehalten vom Vortag. In chasidischen Kreisen legt man auf dieses „dritte Mahl" besonderen Wert, begeht es nach Möglichkeit gemeinsam mit dem Rabbi und in Verbindung mit dessen Lehrvortrag. Es gilt eben alles zu tun, um den Sabbat als Erinnerung an das Paradies und Vorgeschmack auf die kommende Welt zu feiern.

So nimmt man denn auch nach Sabbatende von ihm feierlich Abschied in der *Habdala* („Trennung" von Sabbat und Wochentag). Nochmals füllt man den Becher mit Wein, wobei etwas in die Untertasse überfließen soll, und spricht vor brennender geflochtener Kerze darüber den Segen. Es folgt der Segen über die mit Gewürzen gefüllte Dose („Besomimbüchse"); diese, oft kunstvoll in Silber gearbeitet, wird dann herumgereicht, um vor der Rückkehr in die profane Welt der Woche noch etwas vom Wohlgeruch des Sabbat mitzunehmen. Während des Segens über das Licht betrachtet der Vater seine Fingerspitzen im Schein der Kerze (einer Tradition nach sind die Fingernägel die letzte Spur des Kleides, das der Mensch im Paradies trug). Dann spricht er mit dem Becher in der Hand: „Gepriesen seist du, Herr unser Gott, König der Welt, der zwischen Heilig und Profan, zwischen Licht und Finsternis, zwischen Israel und den Völkern, zwischen dem siebten Tag und den sechs Werktagen scheidet." Im übergeflossenen Wein löscht er die Kerze und reicht den Becher herum. Mit Psalm 128 beginnt die neue Woche.

Kein Fest des Jahreskreises wird so sehr im eigenen Haus erlebt wie *Pesach*, aus dem das christliche Ostern entstanden ist. Wie andere Feste auch, vereinigt Pesach in seinen Ursprüngen ein landwirtschaftliches Fest mit historischer Erinnerung. Hirten begingen den Frühlingsanfang, die Zeit der jungen herumspringenden Lämmer (*pasach*, „springen") mit einem Opfermahl, bei dem ein Lamm geschlachtet und in geistiger Gemeinschaft mit der Gottheit von der Familie gemeinsam verzehrt wurde; zur Abwehr von Unheil strich man vom Blut des Lammes an die Zeltstangen. Um die selbe Zeit feierten die seßhaften Bauern schon die Gerstenernte, indem sie eine Woche lang nur neues, nicht mit den Resten der alten Ernte vermischtes Brot aßen, ungesäuerte Brote (*Mazzot*). Beides verschmolz ineinander zu einem gemeinsamen Fest: „Im ersten Monat, am vierzehnten Tag des Monats, zur Abenddämmerung, ist Pesach zur Ehre des Herrn. Am fünfzehnten Tag dieses Monats ist das Fest der ungesäuerten Brote zur Ehre des Herrn. Sieben Tage sollt ihr ungesäuerte Brote essen" (Lev 23,5 f).

Im Lauf der Zeit ging viel von diesem religiösen Erbe unter und wurde erst von König Joschija in seiner großen Kultreform um 622 v. wieder erneuert: „Erst im achtzehnten Jahr des Königs Joschija wurde dieses Pesach zur Ehre des Herrn in Jerusalem begangen" (2 Kön 23,23). Da Joschija Opfer nur noch im Tempel zu Jerusalem erlaubte, mußte man zum Schlachten der Pesachlämmer zum Tempel wallfahren; Pesach wurde somit eines der drei Wallfahrtsfeste (neben Wochenfest und Laubhütten). Spätestens jetzt wurde jedoch die Erinnerung an die Befreiung Israels aus Ägypten zum beherrschenden Motiv des Festes und zog alle anderen Traditionen an sich. „Achte auf den Monat Abib, und feiere dem Herrn, deinem Gott, Pesach; denn im Monat Abib hat der Herr, dein Gott, dich nachts aus Ägypten geführt. Als Pesachtiere für den Herrn, deinen Gott, sollst du Schafe, Ziegen oder Rinder schlachten an der Stätte, die der Herr auswählen wird, indem er dort seinen Namen wohnen läßt. Du sollst nichts Gesäuertes dazu essen. Sieben Tage lang sollst du ungesäuertes Brot dazu essen, die Speise der Bedrängnis, damit du dein ganzes Leben lang des Tages gedenkst, an dem du aus Ägypten gezogen bist. Denn in Hast bist du aus Ägypten gezogen" (Dtn 16,1-3). In der Erzählung vom Auszug aus Ägypten (Ex 12) ist vom Rind als Opfertier nicht die Rede; nur das Junge eines Schafes oder einer Ziege ist erlaubt. Vom Blut des Tieres soll man an die Türpfosten des Hauses streichen, und der Herr wird an der Tür vorübergehen (*pasach*), wenn er Ägypten mit Unheil schlägt. Das gebratene Lamm soll man mit ungesäuerten Broten und Bitterkräutern essen. „Begeht das Fest der ungesäuerten Brote! Denn gerade an diesem Tag habe ich eure Scharen aus Ägypten herausgeführt. Begeht diesen Tag in allen kommenden Generationen; das sei für euch eine feste Regel" (V. 17).

Doch bald nach dem Tod Joschijas zerstörte Nebukadnezzar Jerusalem mit seinem Tempel. Die Befreiung aus Ägypten wurde den nach Babylonien Verbannten zum Vorbild, wie Gott auch ihnen Erlösung schaffen werde, die erhoffte Heimkehr nach Jerusalem als neuer Exodus erträumt. Als dann Kyros 538 v. tatsächlich die Heimkehr erlaubte, bald auch der Tempel wieder erbaut wurde, sich aber so viele Heilshoffnungen nicht erfüllten, wurden diese immer stärker im Pesachfest konzentriert, das immer mehr nicht nur Erinnerung an vergangene Heilstaten Gottes, sondern auch Hoffnung auf das endgültige (messianische) Heil bedeutete. Solange der Zweite Tempel stand – und vor allem in seinen letzten Jahrzehnten –, zogen große Scharen, auch aus der Diaspora, zum Pesachfest nach Jerusalem. Die römische Besatzungsmacht mußte immer mehr damit rechnen, daß die mit diesem Fest verbundenen Hoffnungen auf Freiheit und Erlösung sich gegen Rom richten werden.

Schon damals mußte es für all jene, die nicht nach Jerusalem ziehen konnten, Formen gegeben haben, Pesach daheim zu feiern. Spätestens mit der Zerstörung des Tempels wurde dies zu einem allgemeinen Bedürfnis. Die Mischna stellt im Traktat Pesachim eine verbindliche „Ordnung" (*Seder*) der häuslichen Feier zusammen, aus der sich der heutige *Pesachseder* entwickelt hat.

Das von der Bibel so eingeschärfte Verbot, während der Pesachwoche Gesäuertes zu essen, bedingt eine Großreinigung der gesamten Wohnung vor Beginn des Festes. Kein Brotrest darf bleiben, kein Krümel in einer Lade oder Hosentasche. Am Vorabend des Festes, wenn das Großreinemachen schon vorbei ist, durchsucht der Hausvater als Verantwortlicher nach einem Segensspruch mit den Kindern die Wohnung nach letzten Resten von Gesäuertem. Am Vormittag des 14. Nisan muß alles verbliebene Gesäuerte – nicht nur Brot und Backwaren, sondern z.B. auch Bier – entfernt, nichtjüdischen Nachbarn geschenkt, im Notfall verbrannt werden. Geschirr, das mit Gesäuertem verwendet wurde, wird mit kochendem Wasser (Glas mit kaltem Wasser) koscher, zur Verwendung während der Pesachzeit geeignet gemacht oder weggesperrt, wenn man eigenes Festgeschirr besitzt oder für Pesach neues Geschirr gekauft hat. Nur ungesäuerte Brote, *Mazzot*, sind in diesen Tagen erlaubt.

Am Abend, wenn der 15. Nisan begonnen hat, wird der *Seder* begangen, das feierliche rituelle Mahl, das der Hausvater leitet. Auf dem festlich geschmückten Tisch brennen die von der Hausfrau entzündeten und gesegneten Kerzen. Auf der Sederschüssel, oft aus Zinn oder Silber, befinden sich drei *Mazzot*, Kräuter, Bitterkraut (Rettich o.ä.), ein Gefäß mit Salzwasser, *Charoset* (bei uns gewöhnlich eine Mischung von Äpfeln, Mandeln usw.), ein Knochen mit einem Rest von Fleisch (Sinnbild des einstigen Opferlamms) und ein Ei, alles Speisen, denen die Tradition symbolische Bedeutung im Zusammenhang mit dem Fest zuschreibt. Der mit Wein gefüllte „Becher des Elija" steht für den zu Pesach erwarteten Künder der Erlösung bereit.

Der Familienvater, in Erinnerung an antike Mahlsitten, als man noch „zu Tische lag", auf einem Lehnsessel, spricht den *Qiddusch* über dem ersten Becher Wein, übergießt sich zur Waschung die Hände mit Wasser, nimmt von den Kräutern, taucht sie in Salzwasser und reicht sie den Teilnehmern. Dann bricht er eine *Mazza*, legt den einen Teil unter eine Serviette und hebt den anderen zu den aramäischen Worten hoch: „Dies ist das Brot der Armut, das unsere Väter im Land Ägypten aßen. Jeder, der hungrig ist, komme und esse, jeder der bedürftig ist, komme und feiere. Dieses Jahr hier, nächstes Jahr im Land Israel, dieses Jahr Knechte, nächstes Jahr frei." Damit steht das Mahl schon zu Beginn unter dem Zeichen der Geschichte Israels von den Anfängen in Ägypten bis zur ersehnten Erlösung im Land der Verheißung.

Nachdem ein zweiter Becher Wein eingeschenkt und die Sederschüssel zur Seite gestellt wurde, hat ein Kind zu fragen, warum diese Nacht so anders ist als alle anderen Nächte. Und der Vater trägt als Antwort die *Haggada* („Erzählung") vor: „Sklaven des Pharao waren wir in Ägypten und herausgeführt hat uns der Herr, unser Gott, von dort mit starker Hand und ausgestrecktem Arm. Und hätte der Heilige, gepriesen sei er, nicht unsere Väter aus Ägypten geführt, wären wir und unsere Kinder und Kindeskinder dem Pharao in Ägypten versklavt geblieben... Götzendiener waren anfangs unsere Väter; doch nun hat uns Gott in seinen Dienst genommen." Als Beleg dafür wird Jos 24,2 f, dann die Kurzfassung der Heilsgeschichte Israels in Dtn 26,5-8 vorgetragen.

Der Aufzählung der Plagen, mit denen Gott Ägypten gezwungen hat, sein Volk freizulassen, folgt die Dankeslitanei der Wohltaten Gottes, jeweils gefolgt vom Bekenntnis *dajjenu* (Hätte Gott nur das für uns getan, „es hätte uns genügt"). Die ganze Errettungsgeschichte, die in diesem Pesachmahl erzählend erneuert wird, ist die Geschichte jedes Juden, wo und wann er lebt: „In jeder einzelnen Generation muß der Mensch sich so betrachten, als ob er selbst aus Ägypten ausgezogen wäre."

Nach Rezitation der ersten beiden Hallelpsalmen (Ps 113-114) beginnt das eigentliche Mahl mit Händewaschung, Segen über das Brot, Verteilung des Bitterkrauts und der *Mazzot*. Nach dem Festmahl füllt man den dritten Becher Wein, spricht das Tischgebet und den Segen über den Wein. Wenn man ihn getrunken hat, öffnet man die Tür – gedeutet auf die Erwartung Elijas, für den ja auch schon der Becher auf dem Tisch steht. Dazu singt man: „Elija, er komme mit dem Messias, dem Sohn Davids." Es folgen der zweite Teil des Hallel (Ps 115-118) und das „große Hallel" (Ps 136). Mit dem Wunsch „Nächstes Jahr in Jerusalem" und dem vierten Becher Wein endet der eigentliche Ritus, auch wenn vielfach noch verschiedene Lieder und Gebete angeschlossen werden, da es verdienstvoll ist, das Gedenken der Pesachnacht so ausführlich wie möglich zu gestalten.

Die hier nur verkürzt dargestelle Hausliturgie umfaßt die zentralen Inhalte jüdischen Glaubens, Geschichtsbezogenheit wie Zukunftshoffnung. Auch in Kreisen, die nur noch wenig religiöse Tradition in die Gegenwart gerettet haben, hält man am Seder fest. Moderne, vor allem in Amerika verbreitete Formen der Pesachhaggada haben zwar so manche der traditionell religiösen Aussagen säkularisiert; doch auch wenn die Erinnerung an die Befreiung aus Ägypten Aufruf zum Einsatz für die allgemeine Anerkennung der Menschenrechte und eine bessere Zukunft wird, erweist sich die Dynamik des biblischen Erbes und jüdischer Tradition, auch wenn sie das „religiöse" Kleid abgelegt hat.

Von den anderen Festen des Jahreskreises prägen vor allem Laubhütten (Sukkot), Chanukka und Purim das religiöse Leben im Haus. Das *Laubhüttenfest*, genau ein halbes Jahr nach Pesach und wie dieses sieben Tage lang, war ursprünglich ein Erntedankfest, das man nachträglich mit der Erinnerung an die Zeit der Wüstenwanderung verbunden hat: „Am fünfzehnten Tag des siebten Monats, wenn ihr den Ertrag des Landes erntet, feiert sieben Tage lang das Fest des Herrn... Sieben Tage sollt ihr in Hütten wohnen ... damit eure kommenden Generationen wissen, daß ich die Israeliten in Hütten wohnen ließ, als ich sie aus Ägypten herausführte" (Lev 23,39.42 f).

Wo möglich, errichtet man eine Hütte, deren Dach mit Zweigen und Laub gedeckt ist, im Garten oder auf dem Balkon; eine Laubhütte im Hof der Synagoge dient jenen, die daheim keine Möglichkeit haben, eine solche Hütte zu errichten. An sich sollte man in der Hütte während dieser Woche schlafen und essen; in unserem Klima bemüht man sich, soweit es das Wetter erlaubt, in der Hütte zumindest am ersten Tag zu essen. Es ist ein Fest besonderer Freude, die auch der Feststrauß ausdrücken soll: Zitrusfrucht (Etrog), Palmwedel, Myrtenzweige und Bachweiden, die man – ausgenommen am Sabbat – auch bei den zu diesem Fest in der Synagoge üblichen festlichen Umzügen trägt.

*Chanukka*, acht Tage währendes Lichtfest zur Zeit der Wintersonnenwende, hat seine historische Begründung in der Makkabäerzeit. Die Entweihung des Tempels durch die Seleukiden im Jahr 167 v. hatte den Aufstand der Makkabäer ausgelöst. Drei Jahre später konnten sie den Tempel wieder in Besitz nehmen und reinigen. „Dann brachten sie auf dem Altar ein Rauchopfer dar, zündeten die Lichter an dem Leuchter an, so daß der Tempel hell wurde". Die Erinnerung an diese „Einweihung" (*chanukka*) beschloß man jährlich zu feiern (1 Mak 4,36-59). 2 Mak 1 erzählt zwar in diesem Zusammenhang, wie zu Zeiten Nehemias das Opferfeuer wunderbar erneuert wurde; doch erst der Talmud weiß von einem Lichtwunder anläßlich der Einweihung des Tempels in der Makkabäerzeit: Man fand damals nur ein Krüglein Öl mit dem Siegel des Hohenpriesters, doch wunderbarerweise reichte es acht Tage lang. Deshalb feiert man seither jährlich acht Tage lang die Wiedereinweihung des Tempels (Schabbat 21b). Eine aramäische Nacherzählung der Makkabäergeschichte wurde seit dem 10. Jh. als Festlesung populär, vielfach auch mit der Juditgeschichte verknüpft.

Während der acht Tage des Festes ist man verpflichtet, ein Licht anzuzünden und ins Fenster oder an die Tür zu stellen.

Daraus hat sich der Brauch des Chanukkaleuchters entwickelt, der in vielfacher Form künstlerisch gestaltet wurde. Hauptsache ist, daß er acht Kerzen (oder Ölschalen) aufweist, dazu eine neunte, den „Diener", an dem man die anderen Kerzen entzündet. Beginnend mit einem Licht am ersten Abend fügt man jeden Tag ein weiteres hinzu, bis am letzten Tag alle acht Lichter brennen. Vor dem Anzünden der Lichter betet man: „Gepriesen seist du, Herr, unser Gott, König der Welt, der uns geheiligt hat durch seine Gebote und uns geboten hat, ein Licht der Einweihung anzuzünden. Gepriesen seist du, Herr, unser Gott, König der Welt, der Wunder getan hat unseren Vätern in jenen Tagen um diese Zeit."

Nach dem Zünden der Lichter gedenkt man noch ausführlicher der Wunder und der Rettungstaten Gottes. Es folgt Ps 30, ein Lied auf Gottes Hilfe, im deutschen und polnischen Ritus seit dem Mittelalter ersetzt durch das Lied *Ma'oz Tsur*, „Fels meiner Hilfe". Auch ist das Beten der Hallel-Psalmen (113-118) in diesen Tagen üblich. Ähnlich den christlichen Weihnachtsgeschenken erhalten Kinder zu Chanukka Geschenke.

Ein Fest göttlicher Errettung aus der Not ist auch *Purim*, das mit dem biblischen Buch Ester und seiner Geschichte verknüpft ist. Demnach erlangte der persische Wesir Haman ein Dekret zur Vernichtung der Juden; den Tag dafür legte er durch Los (*pur*) fest. Doch Ester, der jüdischen Gattin des Perserkönigs, gelang es, diesen zur Rücknahme des Befehls zu bewegen; Haman wurde gehenkt, die Gegner der Juden wurden ausgerottet: Diesen Teil der romanhaften biblischen Erzählung zu rechtfertigen, tat man sich immer sehr schwer; auch die Tatsache, daß in der hebräischen Fassung des Textes Gott nie genannt wird, ließ die Aufnahme des Buches in den Kanon der Bibel problematisch erscheinen und forderte die Kunst der Ausleger heraus. Vielleicht ist es kein Zufall, daß Ester als einziges biblisches Buch in Qumran nicht belegt ist.

Was der eigentliche Ursprung des (vielleicht persischen) Festes ist, läßt sich nicht mehr feststellen; für jüdische Tradition ist es jedenfalls ein Fest der Errettung aus größter Gefahr geworden, in vielem Pesach und der wunderbaren Befreiung aus

Ägypten vergleichbar. Ein eigener Traktat der Mischna ist diesem Fest und der Verpflichtung, dabei das Buch Ester zu lesen, gewidmet. Nach einem Fasttag am 13. Adar (etwa Februar), in Schaltjahren im zweiten Monat Adar, wird das Fest am 14., in Jerusalem am 15., in karnevalsmäßiger Ausgelassenheit begangen: „Das sind die Tage, an denen die Juden wieder Ruhe hatten vor ihren Feinden... Sie sollten sie als Festtage mit Essen und Trinken begehen und sich gegenseitig beschenken, und auch den Armen sollten sie Geschenke geben" (Est 9,22). Entsprechend heißt es im Talmud (Megilla 7b), an diesem Tag solle man trinken, bis man nicht mehr zwischen „Verflucht sei Haman" und „Gepriesen sei Mordechai" unterscheiden könne. Zum Fest werden traditionell Mohntaschen gebacken, sogenannte Haman-Ohren, die dann auch neben anderem (für die Armen zusätzlich Geld) als Purim-Geschenk verteilt werden. Maskenumzüge und Purimspiele, wovon viele Texte seit dem Mittelalter erhalten sind, tragen zur ausgelassenen Stimmung des Tages bei, der so sehr die Hoffnung auf eine Umkehr oft trister Verhältnisse in einer vielfach unterdrückten Minderheit zum Ausdruck bringt.

# III. Schule und Lernen

Wie in keiner anderen Religion ist im Judentum Lernen religiöse Pflicht und allgemeines Ideal, nicht Aufgabe und Privileg einer Priesterschicht allein. Ohne ein Minimum an Bildung kann man nicht voll Jude sein. „Diese meine Worte sollt ihr auf euer Herz und auf eure Seele schreiben ... *Ihr sollt sie eure Söhne lehren*, indem ihr von ihnen redet, wenn du zu Hause sitzt und wenn du auf der Straße gehst, wenn du dich schlafen legst und wenn du aufstehst" (Dtn 11,18 f).

Ein früher rabbinischer Kommentar zu dieser Stelle (Sifre Dtn § 46) erklärt diese Verpflichtung so: „Und ihr sollt sie eure Söhne lehren'. Eure Söhne und nicht eure Töchter, sagt R. Josef ben Aqiba. So sagen sie: Sobald der Knabe zu sprechen beginnt, spricht sein Vater mit ihm in der heiligen Sprache und lehrt ihn Tora. Spricht er nicht mit ihm in der heiligen Sprache und lehrt er ihn nicht Tora, so ist es, als ob er ihn begraben würde."

Die Verpflichtung der Unterweisung liegt somit beim Vater; dieser persönlich ist dafür verantwortlich, daß seine Söhne die Tradition und das Gesetz der Bibel lernen. Aus der Sicht des palästinischen Judentums konnte dies nur auf der Basis hebräischer Sprachkenntnisse erfolgen, um die Bibel im Original verstehen zu können. Die normale Umgangssprache war damals Aramäisch, Griechisch als zweite Landessprache verbreitet. Mädchen waren, wenn man den Bibeltext ganz wörtlich nahm, nicht eingeschlossen. Das entsprach auch den sozialen Verhältnissen im Altertum: Eine Schulbildung für Mädchen war nicht verpflichtend, auch wenn viele Väter auf die Bildung ihrer Töchter großen Wert legten. Gerade die Tatsache, daß Mädchen nicht zum Studium der Tora verpflichtet waren, hat ihnen in einer dem Lernen verbundenen Welt früher als den Knaben den Weg zu umfassender „profaner" Bildung eröffnet.

Da sich natürlich nicht jeder Vater imstande sah, selbst die Unterweisung seiner Söhne zu übernehmen, und der gewöhnliche Mann natürlich auch keinen Privatlehrer bezahlen konnte, ergab sich schon früh die Notwendigkeit eines öffentlichen Schulwesens. Ein rabbinischer Text schreibt Simeon ben Schetach (1. Jh. v.) die Anordnung zu, daß Kinder in die Schule gehen; nach einem anderen Text soll man erst in den Jahren vor Ausbruch des großen Aufstands gegen Rom in jedem Bezirk und in jeder Stadt Kinderlehrer angestellt und ihnen die Kinder im Alter von sechs oder sieben Jahren gebracht haben. Jedenfalls legt die Mischna im 2. Jh. fest, daß niemand den Schulunterricht in seiner Gasse wegen Lärmbelästigung – traditionell lernte man laut rezitierend! – verhindern darf. Einem rabbinisch Gebildeten war es verboten, in einem Ort zu wohnen, in dem es keinen Kinderlehrer gab. Einem Kinderlehrer legt R. Abbaje im Talmud nahe: „Nimm niemand an, der nicht schon sechs Jahre alt ist. Einen Sechsjährigen aber nimm an und stopfe ihn voll wie einen Ochsen" (Baba Batra 21a).

Ein später Zusatz zum Mischnatraktat Abot (5,21) gibt als grundsätzliche Lebenseinteilung an: „Mit fünf Jahren zur Bibel, mit zehn zur Mischna, mit dreizehn zu den Geboten; mit fünfzehn zum Talmud, mit achtzehn zur Ehe..." Das spiegelt wohl mittelalterliche Sitte; die Tendenz war, den Schulbeginn immer früher anzusetzen, so daß man in Osteuropa dann gar schon Dreijährige in den *Cheder* (das „Zimmer", Bezeichnung für die Grundschule im Wohnzimmer des Lehrers) zu schicken gewohnt war.

Früh wie kein anderes Volk hat somit das Judentum die allgemeine Schulbildung für Knaben eingeführt und daran auch unter schwierigsten Umständen festgehalten. Archäologische Funde in Israel (Briefe, Urkunden, Rechnungen usw.) bestätigen, was wir aus literarischen Quellen wissen, daß hier in der Antike Schreibkenntnisse allgemein verbreitet waren. Man darf wohl annehmen, daß es schon früh nur wenig jüdische Analphabeten gegeben hat, während gleichzeitig in der griechischen wie der römischen Umwelt wie später auch im christlichen Mittelalter Schulbildung ein Privileg der Wohlhabenden war.

Als religiöse Pflicht war der Unterricht natürlich voll und ganz an religiösen Texten orientiert. Es ging ja in erster Linie darum, die Bibel lesen und verstehen zu lernen. Ein rabbinischer Text (Abot de Rabbi Natan A 6) erzählt, wie R. Aqiba erst als Vierzigjähriger die versäumte Schulbildung nachholte und gemeinsam mit seinem Sohn zu einem Kinderlehrer ging und ihn bat, ihn Tora zu lehren. „R. Aqiba hielt das eine Ende der Tafel und sein Sohn das andere Ende. (Der Lehrer) schrieb ihm das Alphabet auf und er lernte es, er schrieb ihm das Alphabet bis zum Ende und er lernte es, das Buch Levitikus und er lernte es. So lernte er weiter, bis er die ganze Tora gelernt hatte." Im Grunde hat sich in der traditionellen jüdischen Schulbildung daran bis heute nichts geändert: Noch bis ins 20. Jh. war das Buch Levitikus das erste biblische Buch, mit dem das Kind in Berührung kam und an dem es lesen lernte.

Das traditionelle Lernen kreiste immer um die Bibel und die in ihrer Entfaltung und zu ihrer Erklärung (im weitesten Sinn) entstandene religiöse Traditionsliteratur: Zu allererst ist dies die *Mischna*, die große religionsgesetzliche Synthese der Rabbinen zu Beginn des 3. Jhs., dann der als Kommentar dazu entstandene *Talmud* in seinen beiden Fassungen, dem palästinischen Talmud (wohl knapp nach 400 fertiggestellt) und dem babylonischen Talmud (im 6.-7. Jh. vollendet), dem Talmud schlechthin. Dazu kommen die rabbinischen Bibelkommentare, die *Midraschim* zum Pentateuch, einzelnen Prophetentexten und den „Schriftrollen" (Klagelieder, Hoheslied, Ester und Rut, später auch Kohelet). Religiöse Werke verschiedenster Art, von gesetzlichen Sammlungen über religionsphilosophische Werke bis hin zu frommen Erbauungsbüchern füllten im Lauf der Jahrhunderte die Bibliothek auf, die Gegenstand des Lernens war.

Alles Lernen war religiös ausgerichtet, damit Gottesdienst; „profanes" Wissen (Grammatik, Mathematik, Geschichte) fand hier nur einen Platz, wenn es zum besseren Verständnis der religiösen Tradition beitragen konnte. In Verbindung mit der täglichen Lebenserfahrung daheim und dem in der Synagoge vermittelten Wissen bildete die traditionelle Schule das Kind zu einem religionsgemäßen Leben aus. Ein eigener „Religionsunterricht" wäre da völlig überflüssig gewesen und wurde bis in die jüngste Vergangenheit auch nicht für notwendig gehalten. Erst mit der Entwicklung des öffentlichen Schulwesens und der Pflicht, Schulen mit staatlichem Lehrplan zu besuchen – wogegen traditionelle jüdische Gemeinden im späten 18. und frühen 19. Jh. oft erbittert kämpften –, ergab sich die Trennung von weltlicher Bildung und Religionsunterricht, der mit steigender Assimilation und Säkularisierung zahlreicher jüdischer Familien immer notwendiger wurde.

Die Verehrung und der religiöse Glanz des Lernens ist weithin auch auf die profane Bildung übergegangen; die Prägung durch die Jahrhunderte hat Bildung als höchsten Wert sehen gelehrt und erklärt auch mit, warum Juden immer schon, wo es ihnen nicht verwehrt wurde, in viel größerem Maß, als es ihrem Anteil an der Bevölkerung entsprach, in höhere Schulen und Universitäten drängten. Hier soll es aber um das Lernen im eigentlich religiösen Sinn gehen.

„Als Israel aus Ägypten auszog, Jakobs Haus *aus dem Volk mit fremder Sprache*, da wurde Juda Gottes Heiligtum, Israel das Gebiet seiner Herrschaft" (Ps 114,1). Dieser Psalmvers stellt die Befreiung aus Ägypten in eine Linie mit dem Auszug „aus einem Volk mit fremder Sprache", me$^c$am lo$^c$ez, was man auch übersetzen kann: „aus einem stammelnden Volk". Erlösung, Annahme als Kinder Gottes, bedeutet auch Hineinnahme in die „Sprache Gottes", die „Sprache des Heiligtums" und der Schöpfung, *Hebräisch*. Für die Bibel ist zumindest implizit Hebräisch die Ursprache, erst nach dem Turmbau von Babel durch eine Sprachenvielfalt abgelöst. Schon das Buch der Jubiläen (2. Jh. v.) bezeichnet ausdrücklich Hebräisch als „Sprache der Schöpfung", die den Menschen seit dem Fall verlorengegangen war; Abraham wurde sie bei seiner Berufung wiedergegeben, so daß er die Bücher seiner Väter kopieren und lernen konnte. Der palästinische Talmud (Megilla 1,11) nennt Hebräisch die Sprache Gottes. Daß Israel aus Ägypten erlöst wurde, führen die Rabbinen auch darauf zurück, daß es seine Sprache nicht aufgegeben hatte. Und so verstand man auch die Verheißung von Zef 3,9 als Wiederherstellung des Hebräischen als gemeinsamer heiliger Sprache am Ende der Zeiten: „Dann wer-

de ich den Völkern *eine klare Sprache* (*safa berura*: Einheits-
übersetzung „reine Lippen") anverwandeln, damit alle den Namen des Herrn anrufen und ihm einmütig dienen."

Die Heiligkeit der hebräischen Sprache überträgt sich auch
auf das hebräische *Alphabet*, das nach rabbinischer Vorstellung auf dem Thron Gottes als Werkzeug der Schöpfung ein-
graviert war. So kam schon früh die Sitte auf, Rollen der heiligen Schrift, ebenso jeden Text mit Gottes Namen und schließlich jeden in hebräischer Schrift geschriebenen Text, der nicht
mehr verwendbar war, nicht einfach wegzuwerfen, sondern in
einem Nebenraum der Synagoge, der *Geniza* (*ganaz*, „verber-
gen"), aufzubewahren und später auf dem Friedhof zu bestat-
ten.

Natürlich konnte man in Diasporagemeinden die Kenntnis
des Hebräischen nicht als selbstverständlich voraussetzen. So
mußte man die Bibel für die Synagogenlesung in die Landessprache übersetzen. So entstand etwa die griechische Bibelübersetzung, die Septuaginta, um den Bedürfnissen der großen
jüdischen Gemeinden Ägyptens, besonders Alexandriens, ent-
gegenzukommen. Auch der größte Gelehrte der ägyptischen
Diaspora, Philo von Alexandrien, konnte vermutlich kein oder
nur wenig Hebräisch. Doch die rabbinische Bewegung der folgenden Jahrhunderte legte größten Wert darauf, Hebräisch als
Sprache der wichtigsten Gebete und der Bibellesung so weit als
möglich durchzusetzen. Im Zuge einer kulturellen Neubesin-
nung wurde langsam auch in der Diaspora Hebräisch Sprache
des religiösen Bereichs, v.a. der Liturgie. Handschriftenfunde
belegen dies für Ägypten ab etwa 400, Inschriften in Süditalien
etwas später. Man kann annehmen, daß der Islam mit seiner
Betonung des Arabischen als der heiligen und vollkommenen
Sprache der Offenbarung diese Entwicklung förderte. Seit dem
Mittelalter ist jedenfalls Hebräisch unangefochten auch in der
Diaspora die Sprache der Gebete und der Bibellesung; das Er-
lernen der heiligen Sprache ist damit auch selbstverständlicher
Teil der religiösen Bildung geworden. Für Frauen, die ja nicht
in die traditionelle Schulung eingebunden waren, wurden Ge-
bete und allgemein religiöse Schriften in der Landessprache

verfaßt, in Deutschland und Osteuropa lange Zeit meist in Jiddisch.

Hebräisch wurde im europäischen Judentum sosehr als religiöse Sprache verstanden, daß man es vielfach ablehnte, sie im Alltagsleben zu verwenden, und sich aus religiösen Gründen lange gegen die Wiederbelebung des Hebräischen als Sprache des täglichen Lebens wandte. Andererseits hat natürlich die Reformbewegung des vorigen Jahrhunderts auch Hebräisch als Gottesdienstsprache zu verdrängen gesucht und sich mit unterschiedlichem Erfolg um die Einführung einer landessprachlichen Liturgie bemüht. Doch auch darin ist in den letzten Jahren eine gegenläufige Bewegung festzustellen, natürlich durch die Tatsache gefördert, daß heute in Israel Hebräisch die Landessprache ist. Hebräisch ist dadurch nicht einfach eine Sprache wie jede andere geworden, sondern weiterhin der religiösen Tradition verbunden und damit nach wie vor auch Bestandteil des Religionsunterrichts.

In einem Midrasch (Pesiqta deRab Kahana 15,5) wird erzählt, wie Jehuda der Patriarch (der Redaktor der Mischna, um etwa 200) zwei Rabbinen in die Dörfer Israels ausschickte. Wenn sie in ein Dorf kamen, fragten sie nach den „Wächtern des Ortes". Brachte man ihnen dann den Wachmann und seinen Gehilfen, erklärten sie ihnen entrüstet, daß die wirklichen „Wächter" eines Ortes die Lehrer sind, die Tag und Nacht wachen: „Über dieses Gesetzbuch sollst du immer reden und Tag und Nacht darüber nachsinnen" (Jos 1,8). „Wenn nicht der Herr die Stadt bewacht, wacht der Wächter umsonst" (Ps 127,1). Sogar Götzendienst, Unzucht und Blutvergießen verzeiht Gott – so die Fortsetzung – eher als die Vernachlässigung der Tora; denn das Studium der Tora führt den Menschen immer wieder zu Gott zurück. Die Überzeugung, daß das Wissen um das Wahre und Gute, die geistige Beschäftigung damit, letztlich immer auch das Tun bestimmt, mag wirklichkeitsfremd scheinen, gehört aber zum idealistischen Grundansatz jüdischer Tradition.

Lernen ist im Judentum mehr als die Aneignung der Grundbegriffe der eigenen Tradition und geht daher auch weit über den Rahmen hinaus, den etwa im christlichen Raum der Religionsunterricht einnimmt. Lernen ist eine innere Verpflichtung für das ganze Leben. Früher war es im Schtetl üblich, daß fast jeder Knabe über die normale Schulzeit hinaus zumindest für einige Jahre eine Talmudschule (*Jeschiba*) besuchte und sich voll und ganz dem Studium der rabbinischen Texte und ihrer mittelalterlichen Kommentare widmete, sich mit dem religionsgesetzlichen Kompendium des *Schulchan Arukh* (wörtlich „Gedeckter Tisch", 16. Jh.) und ähnlichen Werken, vielleicht auch mit kabbalistischen Texten befaßte. Die wenigsten strebten an, nach dieser Ausbildung den Beruf eines Rabbiners zu ergreifen: Es ging um das Lernen an sich, gemäß dem rabbinischen Grundsatz, daß man die Tora nicht als Spaten verwenden soll, um damit seinen Lebensunterhalt zu verdienen, aber auch nicht als Krone, um im sozialen Ansehen zu steigen (Abot 4,7). „Wenn du viel Tora gelernt hast, halte es dir nicht zugute, denn dafür wurdest du erschaffen" (Abot 2,9). Wo immer es möglich war, finanzierten die Schwiegereltern dem jung Verheirateten noch einige Jahre des religiösen Studiums, übernahm vielfach später auch die Frau ein Geschäft oder eine sonstige Tätigkeit, um dem Mann möglichst viel Zeit zum Lernen zu lassen. Heute ist die Lebenswelt des Schtetl untergegangen; das Ideal des Lernens ist geblieben, die Zahl derer, die ihre religiöse Ausbildung mit einem Rabbinerdiplom abgeschlossen oder sich entsprechende Kenntnisse angeeignet haben, ohne dies je beruflich verwerten zu wollen, ist noch immer verhältnismäßig hoch.

Aber auch dann, wenn man längst im Berufsleben steht, hört für viele das Lernen nicht auf. Nicht nur sollten Sabbat und Feiertage ganz besonders der Beschäftigung mit der Tradition gewidmet sein; viele finden sich auch zu privaten Studiergruppen zusammen, die – vielleicht frühmorgens vor Arbeitsbeginn – sich zum gemeinsamen Lernen zusammenfinden, dem *daf jomi*, dem „täglichen Blatt" Talmud. Man lernt womöglich nicht allein: „Verschaff dir einen Meister und erwirb dir einen Kollegen" (Abot 1,6). Ziel ist nicht einfach Wissenserwerb, vielmehr ein Eintauchen in die heilige Welt der religiösen Tradition: Lernen ist Gottesdienst, von den alten Rabbinen vielfach höher geschätzt als die Teilnahme an den Gebeten der Gemeinde: „Wenn zwei sitzen und zwischen ihnen Worte der Tora sind, ruht die Wesensgegenwart Gottes zwischen ihnen" (Abot 3,3). In alter Zeit diente die Synagoge meist auch als Schule; im Jiddischen und Deutschen hat sich weithin „Schul" als Bezeichnung für die Synagoge gehalten (so etwa die „Altneuschul", die bekannte alte Prager Synagoge).

Als der Tempel zerstört und damit auch der Opferkult ein Ende gefunden hatte, erklärten die Rabbinen das Studium der Opfergesetze als Ersatz für die Darbringung der Opfer: Das Studium leiste nunmehr für Israel die Sühne, die früher mit den Opfern verbunden war. So ergab sich bald auch die Forderung, die Abgaben, mit denen bisher die Priester finanziert wurden, damit sie für den Tempeldienst frei seien, nur noch solchen zu geben, die sich nun dem Studium der Tora widmeten bzw. diese Abgaben insgesamt der Förderung des Studiums zu weihen. Spenden, die zumindest einzelnen die Möglichkeit geben, sich voll und ganz dem Studium der Tora zu widmen, „über sie nachzusinnen Tag und Nacht" (Jos 1,8), ohne sich um den Lebensunterhalt kümmern zu müssen, gelten daher als besonders verdienstlich. Im Staat Israel sind daher auch die Studenten der Jeschibot vom Militärdienst befreit.

Es ist nur zu natürlich, daß diese Verehrung des Lernens schon immer eine besondere Hochschätzung für *Bücher* mit sich brachte. Ein Grundstock an religiösen Schriften gehörte schon immer zum wertvollsten Besitz eines jüdischen Hauses, zum hochgeschätzten Erbgut, das über die Generationen weitergegeben wurde. Schon im Mittelalter, als es in der christlichen Umwelt nur in Klöstern oder an Fürstenhöfen Bücher gab, hatten so manche jüdische Familien, wie erhaltene Buchlisten bezeugen, eine oft beachtliche Bibliothek. Nicht nur die wesentlichen Gebetsbücher, ein *Siddur* mit den täglichen Gebeten, ein Büchlein mit den Tischgebeten und eine schön verzierte *Haggada* für den Pesachseder, gehörten zur Grundausstattung; besonders seit die Erfindung des Buchdrucks Bücher erschwinglicher, wenn auch noch lange nicht billig machte, bemühten sich viele darum, eine vollständige Ausgabe des Talmud in vielen Bänden, erbauliche Schriften der großen Meister des Mittelalters und traditionelle Bibelkommentare zu erwerben. Ein Siddur oder eine Bibel wurde ein beliebtes Geschenk zur Bar Mitzwa, eine Talmudausgabe dem Bräutigam gern zur Hochzeit geschenkt.

Wie sehr der Wunsch nach Büchern die breite jüdische Bevölkerung erfaßte, sieht man aus den zahlreichen Auflagen, die bestimmte hebräische Schriften seit dem 16. Jh. erlebten, und der jiddischen Volksliteratur, die von Marktfahrern vor allem Frauen erfolgreich angeboten wurde: Das populäre Werk *Tsena u-R'ena* („Kommt und seht", Hld 3,11), eine jiddische Bibelparaphrase (Ende 16. Jh.), aufgelockert mit traditionellen Erklärungen und Erzählungen, erlebte mehr als zweihundert Auflagen!

Diese Bücher wurden nicht einfach gekauft, um den Stolz der Besitzer zu befriedigen; sie wurden regelmäßig benützt, wie die abgegriffenen erhaltenen Exemplare zeigen. So manche Erbauungsschrift aus dem Mittelalter schärft es auch als religiöse Pflicht ein, Bücher nicht einfach als Privatbesitz zu horten, sondern sie auch zu verleihen, damit auch andere, ärmere Leute etwas von diesem geistigen Schatz haben.

Die Verehrung des Buchs hatte aber auch zur Folge, daß viele den Traum hegten, selbst ein Buch zu verfassen, am Strom der ewigen Tradition mitzuwirken und irgendwie selbst in diese einzugehen. Welche Mühen viele auf sich nahmen, auf weiten Reisen Subskribenten für den Druck einer Schrift aufzutreiben, eines eigenen Werks oder des Nachlasses eines verstorbenen Angehörigen, ist bis in unsere Zeit vielfach belegt. Man sollte darin nicht Ausdruck von Eitelkeit sehen, sondern die grenzenlose Hochachtung vor dem Lernen und dem Buch, die das Judentum zum „Volk des Buches" schlechthin gemacht hat.

Die Ausrichtung auf das Lernen hat das Judentum so sehr geprägt, daß es für die Rabbinen zum Inbegriff endzeitlicher Vollendung wurde, daß dann Gott selbst mit den Erlösten Tora lernen wird. Nicht irgendein irdisch ausgestaltetes Paradies, sondern das „himmlische Lehrhaus" wurde zum Wunschbild. Frühe Mystiker, auf die die *Hekhalot*-Literatur (die Schriften von den himmlischen „Palästen") zurückgeht, formulierten denn auch als Ziel ihres Aufstieges in die himmlische Welt nicht die Wesensschau Gottes, sondern das „Geheimnis der Tora", die Tora voll verstehen zu lernen und das Gelernte nie mehr zu vergessen.

Die immer schon vorhandene intellektuelle Ausrichtung des Judentums fand ihre zugespitzte Formulierung in der Religionsphilosophie des Mittelalters. Moses Maimonides (1138–1204) etwa betrachtet religiöses Wissen als Voraussetzung der Aufnahme in die ewige Seligkeit, die Religionsphilosophie als moderne Verwirklichung der Gabe der Prophetie, die den Menschen zur Vollendung führt. Erlösung durch Wissen (ein dem Wissen gemäßes Handeln ist dabei idealistisch immer vorausgesetzt) kann aber ein sehr elitäres Prinzip werden. Wie ist dies mit dem Grundsatz der Mischna vereinbar, daß „ganz Israel Anteil an der kommenden Welt hat" (Sanhedrin 10,1)? Welches Mindestmaß an Wissen ist für die Erlösung notwendig?

Um dem Dilemma eines auf die Spitze getriebenen Intellektualismus zu entgehen, formulierte Maimonides als Kommentar zu dem genannten Satz der Mischna seine berühmten „*Dreizehn Artikel*", eine Art jüdischen Credos, worin er das Minimum religiösen Wissens als Voraussetzung für das endzeitliche Heil sah. Diese dreizehn Glaubensgrundsätze umfassen: die Existenz des Schöpfers, die Einheit Gottes, seine Unkörperlichkeit und Ewigkeit; die Pflicht zum Gottesdienst, die Prophetie, die Einzigartigkeit der Prophetie Moses; die Herkunft der Tora vom Himmel und ihre Unaufhebbarkeit (als schriftliche und mündliche Tora); Gottes Wissen um das Tun des Menschen; Lohn und Strafe; die Zeit des Messias; die Auferstehung.

Als ein „Glaubensbekenntnis" im eigentlichen, für alle verbindlichen Sinn, hat sich zwar auch diese Zusammenfassung jüdischen Glaubens nie durchgesetzt; doch wurde der Text vielfach in gekürzter Form in die Gebetbücher aufgenommen, lange Zeit im täglichen Morgengebet rezitiert und hat damit doch auf lange Sicht seine Wirkung nicht verfehlt.

Die Gefahr eines übertriebenen Intellektualismus war damit aber nicht für immer gebannt. Die Spannung zwischen einer ständig anwachsenden religiös-geistigen Tradition und den Möglichkeiten des täglichen Lebens, der Frömmigkeit des einfachen Volkes, blieb und verlangte immer wieder nach Ausgleich. Dies um so mehr, als das Judentum zumindest im Prinzip nie die im Christentum übliche „Arbeitsteilung" in Theologen (Klerus) und gläubiges Volk kannte, sondern jeder zu lernen verpflichtet ist und seinen Beitrag in der Synagoge leisten sollte.

Den Bedürfnissen des weniger gebildeten Volkes kam eine bestimmte Erbauungsliteratur entgegen, die verbreitete Sitte, in der Synagoge regelmäßig den einzigen nicht religionsgesetzlichen Traktat der Mischna, die weithin aus ethischen Maximen bestehenden und hier schon mehrfach zitierten „Sprüche der Väter" (*Pirqe Abot*) zu lesen und damit allen Zugang zumindest zu einem Teil des Studiums zu ermöglichen. Vor allem aber waren es immer wieder mystisch orientierte Strömungen, die zwar auch erhebliche intellektuelle Voraussetzungen hatten (so die ganze Kabbala), aber doch auch dem einfachen Volk und seiner Religiosität entgegenkamen. Besonders der osteuropäische *Chasidismus* ab dem späten 18. Jh. hat als Reaktion auf eine zum Teil schon recht erstarrte Scholastik rabbinischer Gelehrsamkeit das einfache, weithin verarmte jüdische Landvolk anzusprechen verstanden, aber auch dem traditionellen rabbinischen Leben neue Impulse gegeben. „*Psalmenjuden*", einfache Taglöhner oder Kutscher, die sich mit ihresgleichen zur regelmäßigen Betrachtung der Psalmen in der Synagoge trafen, während andere sich „höheren" Studien hingaben, waren in der chasidischen wie in der rabbinischen Richtung zu finden; auch die Chasidim hatten bald ihre Lehrhäuser und Gelehrten.

„Einfache" Frömmigkeit und Lernen als Pflicht jedes Juden stehen nicht in Gegensatz zueinander, auch wenn es immer wieder zu Spannungen kommen kann. Die Wertschätzung des

Lernens bleibt im Zentrum jüdischen Lebens. *Tora ᶜim derekh erets*, „Studium der Tora in Verbindung mit einem Beruf" (Abot 2,2), nun verstanden als Festhalten an der Tora unter Annahme landesüblicher Lebensweise, ist zum Motto der Neo-Orthodoxie geworden. „Wer Worte der Tora mehrt, mehrt Leben ... Wer sich Worte der Tora erworben hat, hat sich das Leben der kommenden Welt erworben" (Abot 2,8).

# IV. Verpflichtung auf das Gesetz

„Mit dreizehn zu den Geboten" (Abot 5,21). Dieser schon zitierte Satz legt das Alter fest, mit dem der jüdische Knabe im religiösen Sinn erwachsen wird, zur Einhaltung aller religiösen Vorschriften als „Sohn des Gebotes" (*Bar Mitzwa*) verpflichtet und volles Mitglied der Gemeinde ist, das auch für den *Minjan* zählt, die für den Gemeinschaftsgottesdienst erforderliche Mindestzahl von zehn Männern.

Laut Mischna (Nidda 5,6) sind die Gelübde eines Mädchens im zwölften Lebensjahr zu untersuchen (was die Reife und Urteilsfähigkeit des Mädchens betrifft); ab dem Alter von zwölf Jahren und einem Tag gelten die Gelübde auf jeden Fall. Beim Knaben ist das dreizehnte Jahr die Übergangsphase; ab dem Alter von dreizehn Jahren und einem Tag gilt er als voll verantwortlich. Wie der Midrasch am Beispiel der Zwillingsbrüder Esau und Jakob darlegt, trennen sich dann die Lebenswege, ohne daß der Vater dafür verantwortlich gemacht werden kann: „All die dreizehn Jahre gehen sie beide in die Schule und kommen aus der Schule zurück. Nach dreizehn Jahren geht der eine in die Lehrhäuser und der andere in die Häuser des Götzendienstes. Es sagte R. Eleasar, Sohn des R. Simeon: „Ein Mensch muß sich um seinen Sohn dreizehn Jahre lang kümmern; von da an muß er sagen: Gepriesen sei er, der mich von dessen Strafe befreit hat" (Genesis Rabba 63,9 zu Gen 25,27). Ab nun ist der Sohn selbst für sein Tun verantwortlich.

Eine eigene Feier aus diesem Anlaß ist erst spät belegt. Der frühmittelalterliche Traktat Soferim (18,5) erzählt, daß man in Jerusalem den Dreizehnjährigen den Ältesten der Stadt vorzustellen pflegte, damit diese ihn segnen und für ihn beten, daß er würdig werde, Tora zu lernen und gute Werke zu tun. Seit dem Mittelalter ist der noch heute übliche Brauch belegt, daß der Knabe am Sabbat nach seinem 13. Geburtstag (nach dem jüdischen Kalender) zum ersten Mal zur Vorlesung der Tora aufgerufen wird, gewöhnlich zum letzten Abschnitt der Wochenperikope, vielfach auch zur Prophetenlesung. Der Vater des Knaben rezitiert bei dieser Gelegenheit leise die uns schon aus dem Midrasch bekannte Segensformel: „Gepriesen sei er, der mich von dessen Strafe befreit hat"; die Erziehungspflicht des Vaters hat ihr Ziel erreicht.

Gewöhnlich feiert die Familie den Tag mit einem festlichen Mahl, bei dem der Sohn auch einen kleinen Toravortrag halten soll, eine *Derascha*. Wie schon der Midrasch sagt, geht dann der eine weiter in die Schule, der andere nicht mehr. Auch das ist bis heute so geblieben: Besonders in assimilierten Kreisen endet nach der Vorbereitung für den Bar-Mitzwa-Vortrag gewöhnlich auch der Besuch des Religionsunterrichts. Doch wenn die Gemeinschaft die religiöse Volljährigkeit des jungen Mannes anerkennt, indem er zum ersten Mal im Gottesdienst aus der Tora vorlesen darf, setzt sie damit nicht ein Schlußzeichen, sondern einen Anfang: Der junge Mann gehört nun auch zur Gemeinschaft derer, die sich lebenslang dem Studium der Tora widmen sollen.

Für Mädchen, deren Volljährigkeit die Mischna mit zwölf Jahren festsetzt, gibt es seit dem 19. Jh. vor allem in Kreisen des Reformjudentums die analoge Feier der *Bat Mitzwa*, der „Tochter des Gebotes". Die öffentliche Vorlesung aus der Tora im Gottesdienst bleibt im orthodoxen Rahmen natürlich weiterhin allein den männlichen Mitgliedern der Gemeinde vorbehalten.

Ab dem Alter von dreizehn Jahren ist also ein Jude voll auf die Gebote oder, wie man auch sagt, auf das Gesetz verpflichtet. Was bedeutet das *Gesetz* in jüdischer Tradition? Vielfach kontrastiert man Judentum und Christentum, indem man die jüdische Religion als Religion des Tuns und des Gesetzes bezeichnet, die christliche als Religion des Glaubens. Das ist zwar im wesentlichen richtig, doch eine Vereinfachung; böswillige Verzerrung wird daraus, wenn man von jüdischer Werkgerechtigkeit spricht und diese der christlichen Liebesreligion gegenüberstellt.

Gleich zu Beginn sei festgestellt, daß das Wort „Gesetz" nur einen Teil der Wirklichkeit umfaßt, die das hebräische Wort *Tora* bezeichnet. Tora ist die „Lehre, Weisung" Gottes, die Israel am Sinai erhalten hat. Ihre schriftliche Fassung hat sie im Pentateuch, den fünf Büchern Mose; im weiteren Sinn gehört die ganze Bibel dazu. Sie ist die „schriftliche Tora", die durch die „mündliche Tora" ergänzt und vervollständigt wird, die gesamte autoritative Tradition, durch die die Bibel erst in der Praxis anwendbar und in den sich wechselnden Zeitumständen verwirklicht wird. Was man gewöhnlich „Gesetzgebung" am Sinai nennt, heißt im Hebräischen *mattan tora*, „Gabe, Geschenk der Tora". Es ist die göttliche Offenbarung, durch deren Annahme Israel zum erwählten Volk wurde, zum Bundesvolk. Dieser Bund enthält auch Verpflichtungen, die Israel einhalten muß, „Gebote", durch deren Verwirklichung Israel ein „heiliges Volk" wird, wie die schon mehrfach genannte Segensformel besagt: „der uns geheiligt hat durch seine Gebote". Sie sind also nicht unwillig getragene „Last", sondern Auszeichnung, die Israel nach einer in zahlreichen Fassungen überlieferten rabbinischen Legende erst bekommen hat, nachdem sie allen anderen Völkern angeboten und von diesen abgelehnt worden waren. Alle fragten beim Angebot der Tora zuerst: „Was enthält sie?" und lehnten dann unter Hinweis auf die eigenen Lebensgewohnheiten ab. Nur Israel erklärte sich ohne Wenn und Aber zur Annahme bereit, wie man aus Ex 24,7 liest. Gewöhnlich übersetzt man den Text: „Alles, was der Herr gesagt hat, wollen wir tun; wir wollen gehorchen." Die Rabbinen hingegen verstehen die beiden Verben *na^ase we-nischma* so: „…wollen wir tun. Wir wollen hören." Schon ehe Israel den Inhalt der Tora kannte, ließ es sich darauf ein, erklärte es sich zu deren Verwirklichung bereit und nahm dadurch das Joch der Königsherrschaft Gottes auf sich.

Wenn man noch heute die religiöse Volljährigkeit, damit auch den Eintritt in alle religiösen Verpflichtungen mit einem Fest begeht, entspricht das der „Freude am Gesetz" (*Simchat Tora*), die Thema eines eigenen Festes im Jahreskreis (direkt nach dem Laubhüttenfest) wurde und die schon immer jüdisches Denken bestimmte: Freude und Dankbarkeit, in den Dienst Gottes genommen worden zu sein, und nicht das Empfinden einer Last, die man nur widerwillig trägt. „Lohn des Gebotes ist ein Gebot" (Abot 4,2). Ziel des persönlichen Strebens ist es, die Gebote ohne Nebenabsichten zu erfüllen, auch wenn man weiß, daß dies ein Punkt ist, den nicht jeder schon erreicht hat: „Stets befasse sich der Mensch mit Tora und Geboten, auch wenn es nicht um ihretwillen ist; denn durch (das Tun) nicht um ihretwillen gelangt er zum (Tun) um ihretwillen" (Pesachim 50 b). Das ständige Tun und die tägliche Übung in einem toragemäßen Leben haben auch eine erzieherische Funktion. Eine umfassende Bezeichnung aller Gebote, die das tägliche Leben regeln, ist *Halakha* (von hebr. *halakh*, gehen), also Wegweisung, Führung auf den Wegen Gottes. Das ist eine positive Sicht des Gesetzes, das Gegenteil der „schweren Lasten", die nach Sicht des Evangeliums (Mt 23,4) die Pharisäer den Menschen auferlegen.

Sicher enthält schon die Tora im Pentateuch eine Fülle von Regelungen, die das Leben des Gottesvolkes im Detail normieren, auch wenn viele davon nur im kultischen Bereich von Bedeutung waren und den gewöhnlichen Israeliten nicht betrafen. In der Praxis gab es zu den biblischen Bestimmungen immer schon Auslegungen, ergänzende Vorschriften, die den biblischen Text erst im einzelnen anwendbar machten. Um die Einhaltung der biblischen Vorschriften auch im täglichen Leben zu garantieren, schuf Tradition und Auslegung den „*Zaun um das Gesetz*", der alle weitere Entwicklung der Halakha motivierte. Wenn etwa die Sabbatruhe ab Sonnenuntergang gelten soll, muß die Arbeit schon früher enden, damit man nicht im letzten Augenblick noch etwas zu tun findet, völlig gehetzt und ohne geistige Einstimmung den Sabbat antritt oder den Zeitpunkt überhaupt versäumt. Ähnlich ging es in allen anderen Bereichen (am deutlichsten vielleicht in den Speisegesetzen): Die einzelnen biblischen Gesetze wurden in ihren Anwendungsmöglichkeiten immer detaillierter ausgelegt und abgesichert, so daß schließlich nur noch der Fachmann seltenere Grenzfälle zu beurteilen vermochte.

Inbegriff der Fülle von Detailvorschriften, die sich im Lauf der Zeit ergaben, ist für viele die rabbinische Aussage von den 613 Geboten, die man jedoch aus dem Zusammenhang verstehen muß: „Rabbi Simlai legte aus: 613 Gebote wurden Mose gesagt, 365 Verbote wie die Zahl der Tage im Sonnenjahr, und 248 Gebote entsprechend den Gliedern des Menschen. Es sagte Rab Hamnuna: Was bedeutet: ‚Tora hat uns Mose geboten als Erbteil‘ (Dtn 33,4)? ‚Tora‘ hat den Zahlenwert 611 [jeder hebräische Buchstabe steht für eine Zahl]; ‚Ich [bin der Herr, dein Gott...]‘ und ‚Du sollst keine [anderen Götter neben mir haben]‘ (Dtn 5,6 f) haben wir aus dem Mund der Macht [Gottes] selbst gehört" (Makkot 23 b-24 a).

In dieser Aussage ist die Zahl 613 nicht wörtlich zu nehmen, sondern hat Symbolwert: Als Kombination der Zahl der Tage eines Jahres und jener der Körperteile des Menschen (nach einer im einzelnen nicht mehr nachvollziehbaren rabbinischen Zählung) besagt sie, daß der Mensch als ganzer und zu jeder Zeit unter dem Wort Gottes steht. Die Auslegung des Rab Hamnuna ist ebenfalls symbolisch, wenn er den Zahlenwert des Wortes Tora, also die Gesamtheit göttlicher Weisung, die Israel durch Mose vermittelt wurde, mit den beiden Grundaussagen zu Beginn des Dekalogs zusammenfaßt, die Gott selbst Israel mitgeteilt hat: Alle Gebote und Verbote zusammen haben als Urgrund das Bekenntnis zum Gott Israels und die strikte Ablehnung der Verehrung anderer Götter.

Erst spät hat man Versuche gemacht, die Zahl wörtlich zu nehmen und 613 Gebote und Verbote der Tora aufzulisten; zu einem alle überzeugenden Ergebnis ist man dabei nie gekommen. Wie sehr das symbolische Verständnis der Aussage lebendig bleibt, zeigt ein liturgisches Gedicht des Saadja Gaon (10. Jh.), wonach die 613 Gebote und Verbote den 613 Buchstaben des Dekalogs entsprechen. Damit aber sind alle Einzelvorschriften letzthin schon in den zehn Geboten enthalten und finden darin ihre Basis. Diesen Gedanken hat schon zu Beginn unserer Zeitrechnung Philo von Alexandrien entfaltet, nach dem das Zehnwort den zehn Kategorien entspricht, denen man laut Aristoteles das gesamte Sein zuordnen kann.

Bei Philo finden wir auch einen anderen Gedanken ausführlich behandelt, der sich ansatzweise schon früher findet und auch bei den Rabbinen eine Rolle spielt: die Tora als *Schöp-*

*fungsordnung.* Die Frage, warum der Pentateuch nicht mit den Gesetzen beginnt, sondern mit der Erschaffung der Welt, beantwortet Philo damit, daß diese Erzählung auf die vollkommene Entsprechung von Naturgesetz und Tora verweist; das Gesetz der Bibel ist zugleich die Weltordnung; die Erzählungen über die Patriarchen zeichnen diese als „Verkörperung des ungeschriebenen Gesetzes".

Dergleichen Vorstellungen erwiesen sich jedoch als gefährlich. Wenn man die Tora in den zehn Geboten zusammengefaßt und als Ausdruck des Naturgesetzes sieht, besteht die Versuchung, sich auf dieses als den eigentlichen, allein ewig gültigen Kern der Offenbarung zurückzuziehen. Schon Philo mußte sich gegen solche Tendenzen in der jüdischen Gemeinde zu Alexandrien wehren. Noch mehr stellten sich dann die Rabbinen gegen eine solche Reduktion der Tora, zumal nunmehr auch das Christentum seine Gesetzeskritik auf ähnliche Vorstellungen baute und mit Paulus die Tora als reinen „Erzieher auf Christus" hin verstand (Gal 3,24), dessen Aufgabe nun erfüllt sei.

Eine falsch verstandene „Besinnung auf das Wesentliche" konnte auf Dauer die jüdische Religion nur verwässern und ihre Existenz gefährden. So drängten die Rabbinen die Sonderstellung des Dekalogs zurück und strichen seine Rezitation aus dem Morgengebet, damit nicht Häretiker sagen könnten: „Die zehn Gebote allein wurden Mose auf dem Sinai gegeben." Die Gleichsetzung der Tora mit dem Naturgesetz und der Gedanke, daß der Mensch durch eigenes Nachdenken zur Anerkennung der Gesetze kommen könne, mußte ihnen ebenfalls gefährlich scheinen. Zwar hielt man mit der Tradition daran fest, daß schon Abraham alle Gebote Gottes eingehalten habe (vgl. Gen 26,5); doch konnte er das nur, da Gott für ihn die Offenbarung der Tora vorwegnahm.

Die Tora, von Gott vor aller Schöpfung erschaffen und „Werkzeug", Prinzip der Schöpfung, mußte Israel erst geoffenbart werden. Sie untersteht nicht der Kritik menschlicher Vernunft, wie der Talmud aus Lev 18,4 liest: „Meine Vorschriften sollt ihr einhalten" bezieht sich auf solche Verbote, die man, wären sie nicht schon geschrieben, schriftlich festhalten müßte, wie Götzendienst, Unzucht, Blutvergießen, Raub und Gotteslästerung. Die Fortsetzung des Verses „Meine Satzungen sollt ihr einhalten" gilt dagegen von unvernünftig scheinenden Verboten, wie dem Verbot des Schweinefleisches und des Tragens von Mischgeweben. Das zeigt der Schluß des Verses: „Ich bin der Herr". „Ich, der Herr, habe sie geboten, und du hast nicht die Befugnis, darüber nachzusinnen" (Joma 67 b).

Selbstverständlich hat sich auch das rabbinische Judentum die Frage nach Sinn und Begründung der Gebote gestellt, ist sich aber immer auch der Problematik solchen Forschens bewußt gewesen. Dies zeigt deutlich eine Aussage des R. Isaak in Sanhedrin 28 a: „Warum wurden die Gründe der Tora nicht geoffenbart? Zwei Stellen der Bibel haben eine Begründung gegeben und über sie ist ein Großer der Welt gestrauchelt. Es heißt: ‚Er (der König) soll sich keine große Zahl von Frauen nehmen' (Dtn 17,17). Salomo sagte: Ich will mir viele Frauen nehmen und werde mich trotzdem nicht (von Gott) abwenden. Und weiter heißt es: ‚Als Salomo älter wurde, verführten ihn seine Frauen' (1 Kön 11,4). Ebenso heißt es: ‚Der König soll sich aber nicht zu viele Rosse halten' (Dtn 17,16). Doch Salomo sagte: Ich werde viele Rosse haben und dennoch nicht nach Ägypten zurückkehren. Und dann heißt es: ‚Ein Wagen, der aus Ägypten kam, kostete sechshundert...' (1 Kön 10,29)."

Das Suchen nach einsichtigen Begründungen der einzelnen Gebote ist gefährlich, weil dann jeder glauben könnte, daß gerade auf ihn diese Gründe nicht zutreffen; das bedingungslose Festhalten am Wort der Bibel würde damit in der Praxis des täglichen Lebens in Frage gestellt. Aus demselben Grund ist auch die Frage nach der relativen Wichtigkeit der einzelnen Gebote gewöhnlich nicht zu stellen; als von Gott geboten sind alle gleichermaßen einzuhalten. Deutlich macht dies eine Stelle im palästinischen Talmud (Pea 1,15c): „R. Acha im Namen des R. Isaak: Es steht geschrieben, ‚Mehr als alles hüte dein Herz, denn von ihm geht das Leben aus' (Spr 4,23). Beachte alles, was dir in der Tora gesagt wird; denn du weißt nicht, woraus dir das Leben fließt. R. Abba bar Kahana sagt: Die Schrift hat das leichteste Gebot dem schwersten gleichgesetzt. Das leichteste Gebot betrifft das Vogelnest (Dtn 22,6 f), das gewichtigste die Ehrung von Vater und Mutter (Ex 20,12). Und von beiden heißt es: ‚Damit du lange lebst.'"

Natürlich weiß man, was das Zentrum von Religion und Frömmigkeit ausmacht und auf welche Prinzipien die Einzelgesetze zurückzuführen sind: Deutlich zeigt dies ein Talmudtext (Makkot 24 a), wonach die Propheten der Reihe nach die Tora immer kürzer zusammenfassen, bis schließlich Habakuk sie auf einen Satz reduziert: „Der Fromme wird durch seinen Glauben (oder: seine Treue) leben" (Hab 2,4). Im Alltag jedoch gilt es, gerade auch im kleinen Gehorsam und Treue zu erweisen, auch das scheinbar Nebensächliche als Gebot der Tora zu erfüllen.

Dem Wort Gottes gehorchen, ohne Fragen zu stellen, heißt aber nicht, in diesem zentralen Bereich der Religion auf den Verstand zu verzichten. Die Auslegung der biblischen Texte und ihre Anwendung auf immer neue Situationen des Lebens hat stets die geistigen Energien der besten Gelehrten des Judentums beansprucht. So haben die Meister der *Mischna* sich bemüht, aus den Angaben der Bibel und der späteren Tradition ein geschlossenes System zu entwickeln. Nur bei oberflächlicher Betrachtung der Einzelaussagen ist es eine bloße Fülle konkreter Handlungsanweisungen, wobei dem mit Absicht und Denkweise der Rabbinen nicht Vertrauten vieles direkt lächerlich vorkommt. Das liegt vor allem daran, daß es der Mischna nur bedingt um die Grundregeln geht. Diese sind bekannt und man kann sie daher kurz zusammenfassen; interessant sind dagegen Grenzfälle und Grauzonen. Was etwa die Sabbatruhe angeht, ist der Begriff der Arbeit zu klären; dabei ist die Frage nach menschlicher Intention und der Nützlichkeit des Tuns wichtig. So gilt etwa Schreiben als Arbeit; zwei Buchstaben können im Hebräischen eine sinnvolle Mitteilung, etwa ein Imperativ, sein und gelten daher als der Grenzbereich, ab dem der Mensch die Sabbatruhe übertritt. Theoretische Definitionen fehlen und allgemeine Regeln werden selten explizit vorgetragen. Statt dem kommen Listen von Beispielen, vielfach gerade noch denkbaren Extremfällen, mit denen man die Grenzen absteckt und die Welt klassifiziert. Viel von dem in der Mischna Diskutierten war so auch in der Sicht der Rabbinen nicht Alltagsproblem des religiösen Lebens, sondern der für die Klärung von Begriffen so wesentliche Randbereich. Hinter der Fülle von Einzelaussagen verbirgt sich ein geschlossenes System, eine ausgesprochen philosophische Weltsicht.

Das halakhische System der Mischna wurde in den beiden Talmudim kommentiert und weiterentwickelt, auf die praktische Anwendbarkeit im Alltag abgetastet, aber auch auf seine theoretischen Hintergründe abgefragt. Mit wachsender Materialfülle stellte sich die Frage, wie man diese Tradition sinnvoll weitervermitteln und in Problemfällen Entscheidungen finden könne. Dazu dienten verschiedene systematische Sammlungen und Codices, die ab dem frühen Mittelalter zusammengestellt wurden. Von größtem Einfluß auf die weitere Entwicklung wurde die Sammlung des Isaak Alfasi (11. Jh., benannt nach dem Sitz seiner Schule in Fes, Marokko), ebenso das große Werk des Maimonides, *Mischne Tora* (12. Jh.), und später dann der *Schulchan Arukh* des Josef Karo (16. Jh.) mit seinen vielfältigen späteren Bearbeitungen und Kommentierungen, die die traditionelle jüdische Lebenspraxis bis heute bestimmen.

Sobald sich im Gefolge arabischer Vorbilder auch Juden immer mehr mit Philosophie zu beschäftigen begannen, gewann die von den Rabbinen in den Hintergrund gedrängte Frage nach dem Sinn der Gebote erneut Bedeutung. Schon Saadja Gaon, der erste bedeutende jüdische Philosoph des Mittelalters (10. Jh.), mußte sich mit dieser Frage auseinandersetzen und unterschied vernunftmäßige Gesetze von Gehorsamsgesetzen, die man nicht hinterfragen darf. Damit ergab sich natürlich sofort wieder die Frage, wieweit vernünftig begründete Gesetze in der Gegenwart noch gelten.

Wichtiger für die weitere Entwicklung war jedoch der Ansatz des Maimonides: Er ist zwar ein der Tradition verbundener Mann, der in seinem *Mischne Tora* auch die in seiner Zeit nicht anwendbare Halakha (Opfergesetze usw.) aufnahm;

durchaus nicht der Tradition entsprach jedoch, da ⟨er das⟩ Werk mit einem philosophischen Teil einleitete, dam⟨it die Ha-⟩ lakha nicht rein aus der Perspektive von Offenbarun⟨g und rab-⟩ binischer Tradition betrachtete. In seinem philos⟨ophischen⟩ Hauptwerk „Führer der Verwirrten" befaßte er sich aber auch ausführlich mit den Gründen der Gesetze und kam dabei viel- fach auf historische Begründungen, die in den Anfängen Israels ihre Bedeutung hatten, das Volk in seinen geschichtlichen Um- ständen erziehen sollten, diese Funktion aber längst erfüllt ha- ben. Maimonides hat aus dieser historischen Sicht des Gesetzes keine expliziten Folgerungen gezogen; doch sollte sie noch ihre Sprengkraft erweisen.

Baruch Spinoza unterschied in seinem „Theologisch-Politi- schen Traktat" zwischen dem allgemeingültigen göttlichen Ge- setz und „Zeremonien", an sich indifferenten Handlungen, de- ren Sinn die menschliche Fassungskraft übersteigt. Die in der Bibel genannten Zeremonien wurden von Mose aufgrund gött- licher Offenbarung nur für die Hebräer und ihr Reich einge- setzt, dienten allein ihrem zeitlichen Glück und der Sicherheit ihres Reiches und konnten daher auch nur von Nutzen sein, so- lange dieses Reich existierte. Der Großteil der biblischen Ge- setze hat also mit dem Ende des Staates Israel seine Gültigkeit verloren.

Was der aus der jüdischen Gemeinde gebannte Spinoza schrieb, hätte dieser gleichgültig sein können, hätten seine Ge- danken nicht in vielfältiger Weise nachgewirkt. Mit der Mo- dernisierung der europäischen Staaten im 18. Jh. wuchsen auch die Bemühungen um Gleichberechtigung der Juden. Diese setzte voraus, daß die Juden in allem, was nicht direkt zum Be- reich der Religion gehörte, sich unter das staatliche Gesetz stellten. Wo aber war die Grenze, da das Judentum traditionell nicht zwischen religiösem und profanem Lebensbereich unter- scheidet, das ganze Leben unter die Autorität der Tora gestellt ist? Erb- und Vermögensrecht ist z. B. weithin durch die Hala- kha geregelt; wie wollte man es mit dem jeweiligen staatlichen Recht harmonisieren?

Besonders akut war die Frage der Disziplinargewalt der jüdi-

...chen Gemeindeautoritäten. Dazu stellte der wegen seiner traditionell jüdischen Lebensführung auch von den rabbinischen Autoritäten geschätzte Moses Mendelssohn in seiner 1783 erschienenen Schrift „Jerusalem" fest, daß Zwang in religiösen Fragen prinzipiell abzulehnen sei. Damit waren traditionelle Gemeindestrukturen in Frage gestellt.

In derselben Schrift nahm Mendelssohn aber auch den Begriff des Zeremonialgesetzes auf und erklärte dieses aus den historischen Umständen der Anfänge Israels. Zwar betonte er, daß das von Gott Israel gegebene Gesetz solange gelte, bis Gott selbst es aufhebe; doch war damit eine Schleuse geöffnet, zumal er betonte, „das Judentum wisse von keiner geoffenbarten Religion... Die Israeliten haben göttliche *Gesetzgebung*": Nur irrtümlich habe man „übernatürliche Gesetzgebung für übernatürliche Religionsoffenbarung genommen ... Das Judentum rühmet sich keiner *ausschließenden* Offenbarung ewiger Wahrheiten, die zur Seligkeit unentbehrlich sind, keiner geoffenbarten Religion ...Daher hat auch das alte Judentum keine symbolische Bücher, keine *Glaubensartikel*."

Demnach wäre das Judentum eine „Religion der Vernunft", die sich nur durch ein geoffenbartes Zeremonialgesetz unterscheide. Ohne die traditionelle Tora-Theologie mußte aber reine Orthopraxie, wie sie Mendelssohn propagierte, blutleer scheinen. Schon bald begannen Reformer, das „Wesentliche" vom historisch Gewordenen zu scheiden, auf das man unter veränderten historischen Verhältnissen verzichten konnte. Waren es zuerst äußere Formen wie die traditionelle Tracht, so bald bestimmte Formen des Gottesdienstes und der Gemeindeorganisation, immer mehr Details der Speisegesetze usw., bis schließlich in den Augen mancher Reformer das Judentum auf einen „ethischen Monotheismus" mit bestimmten historischen Wurzeln reduziert war.

Besonders deutlich spiegelt sich diese Entwicklung in einer gemeinsamen Erklärung amerikanischer Reformrabbiner, der sogenannten Pittsburgh Platform von 1885:

„Wir erkennen in der mosaischen Gesetzgebung ein System, das jüdische Volk für seine Sendung während seines nationalen

Lebens in Palästina auszubilden, und nehmen heute nur die Sittengesetze als verbindlich an; auch halten wir nur an solchen Zeremonien fest, die unser Leben erheben und heiligen, verwerfen aber alle, die nicht den Anschauungen und Gewohnheiten der modernen Zivilisation entsprechen.

Wir halten fest, daß alle mosaischen und rabbinischen Gesetze, die Ernährung, priesterliche Reinheit und Kleidung regeln, in Zeiten und unter dem Einfluß von Ideen entstanden, die unserem gegenwärtigen geistigen und geistlichen Zustand völlig fremd sind. Sie können dem modernen Juden nicht mehr einen Geist priesterlicher Heiligkeit vermitteln; vielmehr ist ihre Beobachtung in unseren Tagen dazu angetan, moderne geistliche Erhöhung eher zu verbauen als zu fördern."

Diese Anpassung an den Geist der Zeit mußte weiten jüdischen Kreisen als totaler Ausverkauf erscheinen, und tatsächlich war es für viele nur ein Schritt, das Judentum völlig zu verlassen. Das völlige Festhalten an gewachsenen Lebensformen ließ sich andererseits nur durchhalten, wo Juden geschlossen beisammen wohnten und damit auch das Alltagsleben weithin selbst regeln konnten, d. h. im osteuropäischen Schtetl (die jüdischen Gemeinschaften in Nordafrika und im Vorderen Orient waren von der Reformproblematik zunächst nicht betroffen). Mit dem Toleranzpatent von Joseph II. war 1781/82 für die Juden des Habsburgerreiches der Weg in die Gleichberechtigung eröffnet; in Frankreich wurden die Juden 1791 gleichberechtigte Staatsbürger, und auch die deutschen Länder öffneten sich, zuerst unter dem Druck Napoleons, stufenweise dieser Entwicklung, die Sonderregelungen für Juden nur noch in klar religiösen Belangen zuließ.

Damit mußten sich die jüdischen Gemeinden der Frage stellen, was an überkommener Praxis wirklich zum Kern der Tora gehörte und wo man sich an den talmudischen Grundsatz halten konnte: „Das Recht des Staates ist gültiges Recht." Ganz ohne Änderung überkommener Gewohnheiten ging es nicht. Doch zwischen den beiden Polen extremer Reform und völliger Unbeweglichkeit gab und gibt es ein weites Spektrum an Möglichkeiten, die jüdisches Leben bis heute bestimmen.

Der wichtigste Erneuerer orthodoxer Tradition und Begründer der *Neo-Orthodoxie* wurde Samson Raphael Hirsch (1808–88), der in seinen „Neunzehn Briefen über das Judenthum" (1835) und „Horeb. Oder Versuche über Jissroels Pflichten in der Zerstreuung" (1837) einen Weg wies, wie man Tradition so weit als notwendig an die neuen Lebensverhältnisse anpassen könne, ohne den wesentlichen Kern aufzugeben, und zugleich die moderne Bildung mit jüdischem Leben vereinbaren könne. Die einzelnen Vorschriften der Halakha versuchte er als Verwirklichung der Grundbegriffe Gerechtigkeit, Liebe und Erziehung darzustellen, dazu aber die Symbolbedeutung der rational nicht erklärbaren Gebote herauszustreichen. Dieses Bemühen um den Symbolwert der einzelnen Gebote ist für die Spiritualität traditioneller halakhischer Lebensformen bis heute von größter Bedeutung; gerade das Erbe des Chasidismus, den Martin Buber so gesetzesfern umgedeutet hat, hat dazu wesentlich beigetragen, wie besonders bei Abraham Heschel zu sehen ist.

Andere Richtungen im modernen Judentum sind nicht den Weg der Neo-Orthodoxie mitgegangen, haben aber auf je eigene Weise versucht, bei aller notwendigen Anpassung an gewandelte Verhältnisse und bei allen Änderungen, die sich aus der Einsicht in die geschichtliche Bedingtheit mancher halakhischer Normen ergaben, an in ihrem Sinn wohlverstandener Tradition festzuhalten. In Amerika hat sich dabei besonders die „konservative" Richtung um einen Mittelweg mit weitgehender Beibehaltung der halakhischen Tradition in den Kernbereichen bemüht.

Der Prozeß der Erneuerung ist noch nicht zu Ende und wird es nie sein. Neuere Entwicklungen zeigen jedoch deutlich, daß für weite Kreise im Judentum das Pendel sich wieder in Richtung höherer Wertschätzung halakhischer Normen bewegt. Das gilt nicht nur für die in den letzten Jahrzehnten stark gewordene „Umkehr"-Bewegung, die viele noch vor kurzem völlig assimilierte Juden zu observanten Mitgliedern orthodoxer Gruppen macht, sondern auch für fast alle anderen Richtungen. Besonders deutlich ist diese Entwicklung, wenn man den schon zitierten Abschnitt der Pittsburgh Platform von 1885 mit der Erklärung des amerikanischen Reformjudentums aus dem Jahr 1976 („A Centenary Perspective") vergleicht:

„Tora ist das Ergebnis der Beziehung zwischen Gott und dem jüdischen Volk. Die Aufzeichnungen unserer frühesten Begegnungen sind für uns einzigartig wichtig. Gesetzgeber und Propheten, Geschichtsschreiber und Dichter haben uns ein Erbe hinterlassen, dessen Studium religiöser Auftrag und *dessen Praxis unser wichtigster Weg zur Heiligkeit ist*. Rabbiner und Lehrer, Philosophen und Mystiker, begabte Juden in jeder Zeit haben die Tradition der Tora erweitert.

Das Judentum sieht im Tun mehr als im Credo den primären Ausdruck religiösen Lebens, das Mittel, womit wir allgemeine Gerechtigkeit und Frieden anstreben. Das Reformjudentum teilt diese Betonung von Pflicht und Verpflichtung... Das vergangene Jahrhundert hat uns gelehrt, daß die Forderungen an uns bei unseren ethischen Verpflichtungen beginnen mögen, sich jedoch auf viele andere Aspekte jüdischen Lebens erstrekken. Das schließt ein: die Schaffung eines jüdischen Heims, gegründet auf familiärer Hingabe; lebenslanges Lernen; privates Gebet und öffentlichen Gottesdienst; tägliche religiöse Observanz; Einhalten des Sabbats und der Feiertage; Beteiligung an Synagoge und Gemeinde und andere Aktivitäten, die dem Überleben des jüdischen Volkes dienen und seine Existenz fördern. In jedem einzelnen Gebiet jüdischer Observanz sind Reformjuden aufgerufen, sich den Ansprüchen jüdischer Tradition, wie verschieden auch immer man sie auffaßt, zu stellen und in individueller Autonomie auf der Basis von Hingabe und Wissen zu wählen und schöpferisch zu sein."

Der Text macht deutlich, daß Judentum sich nicht in ethischen Verpflichtungen erschöpft, sondern tägliche Observanz in Bindung an die Tradition einschließlich des lebenslangen Lernens auch für das Reformjudentum unabdingbar ist. Bei aller Wahrung individueller Freiheit haben Tradition und äußeres Tun wieder stark an Gewicht gewonnen.

Der zitierte Text betont, wie viele andere auch, den Vorrang des Tuns vor dem Glauben in jüdischer Religion: Es geht nicht um ein Entweder-Oder, sondern um den relativen Vorrang. Auch Mendelssohn hat seine oben zitierte Aussage, *das alte Judentum habe keine Glaubensartikel*, im größeren Zusammenhang nuanciert. Er wußte natürlich von den dreizehn Artikeln des Maimonides und ihrer Wirkungsgeschichte; im Zusammenhang mit der Frage religiöser Gewalt betont er aber, daß niemand wegen abweichender Meinungen verketzert wurde, entsprechend dem Satz der Rabbinen: „Obgleich dieser löset, jener bindet, so lehren sie doch beide Worte des lebendigen Gottes."

Die Aussage, das Judentum kenne keine Dogmen, ist mißverständlich, wenn sie jüdische Religion auf traditionsgebundenes Tun reduzieren will. Sicher hat es im Judentum nie eine zentrale Autorität gegeben, die „Dogmen" hätte definieren können. Auch haben jüdische Gemeindeautoritäten im Lauf der Geschichte Abweichungen von der normierten Praxis eher als verschiedene religiöse Auffassungen geahndet. Doch selbstverständlich haben Abweichungen von grundlegenden Glaubensvorstellungen immer wieder zum Eingreifen der Gemeindeleitung geführt. Man denke nur an die berühmten Fälle des 17. Jhs. in der Amsterdamer Gemeinde: Uriel da Costa wurde gebannt, da er unter anderem die Unsterblichkeit der Seele leugnete, Baruch Spinoza vor allem wegen seiner Ansichten über den Pentateuch.

Eine „systematische Theologie" hat es zwar erst mit den Werken der Religionsphilosophen ab Saadja Gaon gegeben, dessen „Buch der Glaubenswahrheiten und Meinungen" Vorbild für viele andere Werke geworden ist. Doch muß man nicht auf Maimonides warten, um etwas wie ein jüdisches Glaubensbekenntnis zu finden. Ansätze dazu finden sich in verschiedenen Aussagen der Mischna; so etwa der bekannte Satz in Sanhedrin 10,1, der die Leugnung bestimmter Wahrheiten – Auferstehung der Toten und göttlicher Ursprung der Tora – mit Ausschluß von der kommenden Welt bedroht. Zum Kern jüdischen Glaubens gehörte natürlich immer mehr als jene Wahrheiten, deren Leugnung mit Sanktionen bedacht wurde. Vor allem war die Existenz Gottes lange unbestritten. Und ebenso hat man stets an einem Schatz von selbstverständlichen Glaubenswahrheiten festgehalten, ohne außerhalb des Rahmens der Religionsphilosophie die Notwendigkeit zu empfinden, die einzelnen Lehren begrifflich genau zu klären und philosophisch abzusichern.

Jüdische Theologie findet sich auf jeder Seite des Talmud und des Midrasch, mehr noch implizit vorausgesetzt als ausdrücklich vorgetragen. Vor allem aber findet sich, wie in jeder Religion, der Glaube im Gebetbuch. Zwar werden im Gottesdienst vielfach traditionelle Formulierungen beibehalten, die so manche Beter nicht mehr oder nicht mehr wörtlich als Inhalt ihrer religiösen Überzeugungen akzeptieren; auch hier gibt es Pendelbewegungen in der Entwicklung und ist viel nicht festschreibbar. Glaube und Tun stehen in Wechselbeziehung zueinander. Glaubensvorstellungen motivieren ein Leben nach der Halakha, wie traditionsgebunden auch immer dies sein mag. Andererseits vermag das über Generationen weitergegebene Ritual viel auszudrücken und lebendig zu halten, wofür dem einzelnen die Worte fehlen. Das Verhältnis von Glaube und Tun ist in jüdischer Tradition sicher anders gewichtet als in christlicher Auffassung; doch gehört zu jeder Religion letzthin beides.

# V. Die Synagoge

Das religiöse Zentrum einer jüdischen Gemeinde ist heute die Synagoge. Ihre Anfänge liegen offenbar in der Diaspora (früheste Belege sind Inschriften aus dem 3. Jh. v. in Ägypten). In Israel war der Jerusalemer Tempel das Zentrum, aber für die entfernter Wohnenden natürlich auch nicht jederzeit erreichbarer Kult- und Gebetsort. So entstand auch da das Bedürfnis nach lokalen Gemeindezentren; textliche sowie archäologische Zeugnisse haben wir jedoch nicht vor dem 1. Jh. n. Erst mit der Zerstörung des Tempels 70 n. setzten sich Synagogen überall durch.

Das griechische Wort *synagoge* bedeutet „Versammlung, Gemeinde" und erst sekundär „Versammlungsort". Anfangs war die Synagoge somit ein Gemeindezentrum für die verschiedensten Zwecke, für politische Versammlungen genauso wie für gemeinsames Studium und Gebet. Deutlich drückt die älteste bisher gefundene Synagogeninschrift aus Jerusalem (1. Jh.) diese Vielseitigkeit aus: Der Synagogenvorsteher Theodotos „erbaute die Synagoge für die Lesung des Gesetzes und für die Lehre der Gebote, ebenso die Herberge, Zimmer und Wasserinstallationen, um den Fremden zu dienen, die es brauchen". Von Gebet und Gottesdienst ist auffälligerweise nicht die Rede – vielleicht, weil man in Jerusalem dazu ja den Tempel besuchen konnte. In der Diaspora dagegen sowie allgemein nach Zerstörung des Tempels erhielt das gemeinsame Gebet eine immer größere Bedeutung, wie die Bezeichnung der Synagoge als „Gebetshaus" (*proseuche*) oder „heiliger Ort" zeigt. Doch wurde die Synagoge nie ein ausschließlich liturgischer Ort.

Entsprechend der Vielfalt der Funktionen waren auch die Bauformen der Synagoge immer sehr vielfältig und stark von der jeweiligen Umwelt abhängig, so daß bei Ausgrabungen antiker Bauten die Identifikation als Synagoge meist nur durch Inschriften oder charakteristischen Schmuck möglich ist. Neben für den Zweck adaptierten Privathäusern oder auch nur größeren Zimmern gab es schon immer repräsentative Synagogenbauten, in deren Ausgestaltung die Gemeinden beträchtliche Mittel steckten. Bis heute ist, besonders in orthodoxen Kreisen, die Vorliebe für relativ kleine, familiäre „Betstuben" geblieben – ab zehn erwachsenen Männern kann man ja den offiziellen Gottesdienst halten; andererseits hat die Synagoge ja auch die Aufgabe, den Zusammenhalt der Ortsgemeinde zu fördern, was zusammen mit vielen anderen Gründen immer auch den Bau größerer Bauten begünstigte.

Wesentlicher Bestandteil des Synagogengottesdienstes ist die *Lesung der Heiligen Schrift.* In der Antike pflegte man anfangs die Schriftrollen dafür erst im Rahmen des Gottesdienstes hereinzubringen; bald aber setzte es sich durch, für die Torarollen einen würdigen Schrank, den „Toraschrein", einzurichten. Dieser erhielt seinen festen Platz auf einem Podium an der Jerusalem zugewandten Seite (in Europa also im Osten), baulich oft als Apsis gestaltet. Ebenso empfand man schon früh die Notwendigkeit, für den Vorleser ein Lesepult oder ein Podium (*bima*, ein griech. Lehnwort im Hebräischen) einzurichten; anfangs war dieses bevorzugt neben dem Toraschrein oder diesem gegenüber; Sitzbänke zogen sich den Wänden entlang, der gewöhnlich mit Mosaiken geschmückte Fußboden blieb frei, solange es der Platz erlaubte. Im Mittelalter pflegte man vor allem im deutschen Raum die Bima in die Mitte des Raums zu stellen und die Sitzbänke darum anzuordnen. Erst ab dem 19. Jh. setzte sich weithin durch, das Lesepult in die Nähe des Toraschreins zu rücken und die Sitzbänke daraufhin auszurichten, womit der Raumeindruck eines Vortragssaales oder Kirchenraums entstand.

Die traditionelle Anordnung drückt nicht nur die Zentralität der Toralesung, sondern auch die demokratische Ordnung der Betergemeinde aus, in der im Prinzip jeder alle Funktionen übernehmen kann. Frauen, die zur Teilnahme am Gottesdienst der Synagoge nicht verpflichtet sind, konnten diesem im Mittelmeerraum wohl zuerst vom ummauerten Hof oder von Nebenräumen aus, deren Fenster sich auf den Hauptsaal öffneten, beiwohnen; ab dem Mittelalter setzten sich Frauenemporen durch. Mit der Erneuerung des jüdischen Gottesdienstes seit dem 19. Jh. gaben jedoch viele Synagogen die Trennung von Männern und Frauen auf.

In der Synagoge hat sich sehr bald wieder das Bilderverbot durchgesetzt. Aller Schmuck ist so auf die Tora gerichtet, vielfach in Anlehnung an ursprünglich für Bundeszelt und Tempel geltende Vorschriften, die im Mittelalter immer stärker auf die Synagoge übertragen wurden. Lev 24,2 schreibt, daß im Offenbarungszelt vor dem Vorhang der Lade ständig ein Leuchter brennen soll. Deshalb brennt auch vor dem kunstvoll gestalteten und mit einem wertvollen Vorhang versehenen Toraschrein ein ewiges Licht. Die Torarollen sind, um für den Gottesdienst brauchbar zu sein, von einem dafür besonders geschulten Schreiber nach traditionellen Vorschriften auf Pergament handgeschrieben. Sie sind um zwei Holzstäbe aufgerollt, mit einem Torawimpel zusammengebunden und mit einem bestickten Toramantel umhüllt; ein aus Metall gearbeiteter Toraschild ziert seine Vorderseite; auf den oben herausragenden Enden der beiden Stäbe sind entweder – meist aus Silber gearbeitete – Rimmonim („Granatäpfel") oder eine Torakrone aufgesetzt, die die königliche Würde der Torarolle hervorhebt. Auf dem Lesepult, auf dem die Torarolle zur Lesung aufgerollt wird, liegt eine kostbar gearbeitete Decke; ein gewöhnlich silberner Stab, der in die Form einer Hand mit ausgestrecktem Zeigefinger ausläuft, dient dem Vorleser, dem Text nachzufahren, um ja nichts auszulassen, ohne das Pergament selbst zu berühren. Diese vielfältigen Formen traditioneller jüdischer Kunst dienen alle dazu, die Tora zu ehren und als Mittelpunkt von Gottesdienst und Frömmigkeit herauszustellen.

Im Gottesdienst wird die Torarolle feierlich ausgehoben und zur Bima gebracht, dort aufgerollt, hochgehoben und nach allen Seiten gezeigt, so daß alle Anwesenden die Schrift sehen können. Man liest die Tora am Sabbat im Morgen- und Nachmittagsgottesdienst vor, ebenso an Feier- und Fasttagen sowie montags und donnerstags im Morgengottesdienst. Heute ist es allgemein üblich, nach dem „babylonischen" Lesezyklus den gesamten Pentateuch im Laufe eines Jahres zu lesen; daneben hat es jedoch früher lange den „palästinischen" Brauch gegeben, den Text auf drei bis dreieinhalb Jahre aufzuteilen, also viel kürzere Lesungen zu halten und dazu zu predigen. Mit den längeren Lesungen und sonstigen Erweiterungen des Gottesdienstes ist dann die Predigt immer seltener geworden, bis sie mit den Reformen des 19. Jhs. wieder weithin ihren Platz zurückgewann.

Die Toralesung selbst erfolgt traditionell im hebräischen Original; da dies schon in den Anfangszeiten der Synagoge von vielen nicht mehr verstanden wurde, führte man die Sitte ein, daß ein Übersetzer, jedoch ohne schriftliche Vorlage, anschließend den vorgelesenen Text in die aramäische Volkssprache übertrug, oft auch gleich predigtartig paraphrasierte. Diese aramäische Übersetzung (*Targum*) wurde im Lauf der Zeit standardisiert und auch dann noch längere Zeit beibehalten, als auch sie vom Volk nicht mehr verstanden wurde, da Arabisch und andere Volkssprachen das Aramäische verdrängt hatten. Die Reformer seit dem 19. Jh. haben dann vielfach der hebräischen Lesung die Übersetzung in Landessprache folgen lassen oder gar nur noch die Übersetzung vorgetragen; doch auch hier bewegt sich das Pendel wieder zurück, gefördert durch die wieder verbreitetere Kenntnis des Hebräischen und eine bewußte Besinnung auf die Tradition.

Im Morgengottesdienst des Sabbat und der Feiertage, an Fasttagen auch nachmittags, folgt als zweite Lesung ein Text aus den Prophetenbüchern, und zwar aus einer Druckausgabe. Die Propheten umfassen nach jüdischer Tradition nicht nur Jesaja, Jeremia, Ezechiel und die zwölf „kleinen Propheten", sondern schließen auch die Bücher Josua, Richter, Samuel und Könige ein. Daniel dagegen gehört anders als in christlicher Auffassung nicht zu den Propheten, wohl weil zur Zeit der Abfassung dieses Werkes der Prophetenkanon schon abgeschlossen war. Zu bestimmten Sabbaten und Festen steht der Text der Prophetenlesung schon seit rabbinischer Zeit fest; im allgemeinen aber besteht Freiheit in der Auswahl, solange der Text irgendwie thematisch mit der Toralesung zusammenpaßt.

Aus dem dritten Teil der Bibel, den „Schriften", dienen nur die fünf „Schriftrollen" als gottesdienstliche Lesung: Hoheslied am Sabbat der Pesachwoche, Rut zum Wochenfest, Klagelieder zum 9. Ab, Prediger (Kohelet) am Sabbat in der Woche des Laubhüttenfestes und Ester zu Purim. Nur für Ester ist eine handgeschriebene Schriftrolle vorgeschrieben, für die anderen Texte verwendet man den gedruckten Text.

Die Gestaltung des Gottesdienstes ist Sache aller (traditionell: männlichen) Anwesenden; das gilt auch für die Vorlesung des Bibeltextes. Schon die Mischna regelt genau den Ablauf der Lesung. Am Sabbat werden sieben, am Versöhnungstag sechs, an anderen Festtagen fünf Männer zur Lesung aufgerufen, am Sabbatnachmittag, am Montag und Donnerstag drei. Jeder soll mindestens drei Verse vortragen. Der Aufruf gilt als besondere Ehre, weshalb der Aufgerufene oft bei dieser Gelegenheit eine Spende für einen Gemeinde- oder karitativen Zweck verspricht. Wo vorhanden, wird als erster Vorleser ein Kohen, dann ein Levi, also Abkömmlinge der einstigen Tempelpriesterschaft, aufgerufen. Da der Text der Torarollen keine Vokalzeichen aufweist und in einem von der Tradition genau vorgeschriebenen Tonfall vorgetragen werden muß, waren schon bald nur noch wenige imstande, den Text korrekt vorzulesen. Um dennoch die breite Beteiligung aller zu wahren, hat es sich eingebürgert, daß der Aufgerufene zwar zum Lesepult hinausgeht, den Segensspruch vor und nach dem Leseabschnitt rezitiert, den Text selbst jedoch nur leise mitliest, während diesen ein geschulter Vorleser laut vorträgt.

Wie aus dem bisher Gesagten schon deutlich ist, kennt der jüdische Gottesdienst keine priesterlichen Funktionen. *Priester* und Leviten hatten ihre Aufgaben im Tempeldienst; im Gebets- und Lesegottesdienst der Synagoge hingegen erweist man zwar ihren Nachfahren bestimmte Ehren, etwa in der Reihenfolge des Aufrufs zur Lesung oder beim Priestersegen (Num 6,24-6), den im Tempel die Priester früh und abends von einer Tribüne aus den Anwesenden erteilten. In der Synagoge fügt ihn der Vorbeter im Morgengebet, an Fasttagen auch nachmittags, in das Achtzehngebet ein. Im Zusatzgebet der Feiertage treten die Kohanim in der Gemeinde, nachdem sie die Schuhe ausgezogen und unter Assistenz eventuell vorhandener Leviten die

Hände gewaschen haben, Kopf und Hände mit dem Gebetsmantel verhüllt, auf die Stufen vor dem Toraschrein und erheben dort, der Gemeinde zugewandt, ihre Hände mit gespreizten Fingern, während der Vorbeter den Segen vorträgt. Von dieser Zeremonie leitet sich der Brauch ab, auf dem Grabstein eines Kohen Hände mit gespreizten Fingern, auf dem eines Levi eine Wasserkanne darzustellen.

Auch der *Rabbiner* ist für den Gottesdienst in der Synagoge nicht notwendig. Ursprünglich war ein Rabbi jeder, der sich lange genug mit dem Studium der Tora beschäftigt und von seinem Meister als vollwertiger Kollege anerkannt wurde. Damit galt er als befähigt, Fragen des Religionsgesetzes zu entscheiden und selbst zu lehren. Erst ab dem 3. Jh. bemühten sie sich immer mehr um Einfluß auf die Synagoge und ihren Gottesdienst und erklärten sich auch bereit, die Bibellesung in einer Predigt auszulegen. Sie kannten sich im immer komplexer werdenden Gottesdienst, in der Bibel und vor allem in der gesetzlichen Tradition besser als andere aus. Allein ihr Wissen sicherte ihnen eine besondere Rolle. Doch war und ist das Studium der Tora und der religiösen Tradition, wie schon gesagt, im Prinzip Aufgabe jedes Juden, weshalb sich auch nie ein von den anderen abgesetzter rabbinischer Stand entwickeln konnte.

Erst seit dem Mittelalter entwickelte sich langsam die Funktion eines Gemeinderabbiners; doch auch dieser hatte gewöhnlich einen anderen Beruf, war etwa Arzt (so etwa der berühmte Maimonides) oder Weinbauer (so Raschi) oder Kaufmann. Nach dem Grundsatz, daß man die Tora nicht als Spaten, also für den Lebensunterhalt mißbrauchen darf, wurde einem Rabbiner höchstens der Verdienstentgang ausgeglichen. Mit dem Anwachsen der Aufgaben, die man einem Rabbiner zuwies, wurde daraus immer mehr ein voller Beruf, der Rabbiner ein Angestellter seiner jüdischen Gemeinde, von deren Vorstand berufen. Auch die Autorisation zur Ausübung des Rabbinats wurde bald nicht mehr von einem einzelnen oder wenigen Rabbinern erteilt, sondern immer mehr an einen vorgeschriebenen Ausbildungsgang in einer traditionellen Jeschiba oder einem der seit dem 19. Jh. entstehenden Rabbinerseminare geknüpft (deren Absolventen aber oft gar nicht den Beruf eines Rabbiners anstreben).

Die Aufgaben, die ein Rabbiner zu übernehmen hat, sind nicht einheitlich definiert: In einer sehr orthodoxen Gemeinde ist er vielleicht noch immer in erster Linie die halakhische Autorität, deren Rat man im Zweifelsfall sucht, der Richter in allen Fragen, die auch heute noch unter religiöser Jurisdiktion stehen (vor allem im Familienrecht), Schiedsrichter aber auch in vielen anderen Dingen, um nach Möglichkeit zu vermeiden, Streitfälle vor ein staatliches Gericht zu bringen, letzte Instanz natürlich auch in allen Fragen der Kaschrut; als Toragelehrter ist er natürlich auch Lehrer, der sich um die Weiterbildung seiner Gemeinde kümmert; man erwartet von ihm nicht die Leitung des Gottesdienstes in der Synagoge, einen Lehrvortrag nur zu seltenen Feiertagen. In anderen, „modernen", Gemeinden mag dagegen der Schwerpunkt der Aufgaben eines Rabbiners tatsächlich Gottesdienst und Predigt sein, die Abhaltung von Trauungen und Begräbnissen, Religionsunterricht, Jugendarbeit und dergleichen, somit weithin ähnlich den Aufgaben eines christlichen (protestantischen) Geistlichen. Aber auch dort, wo man vom Rabbiner die Leitung des Gottesdiensts mit Vorbeten, Vorlesen der Tora und Predigt erwartet, gilt, daß er grundsätzlich dafür nicht erforderlich ist, seine Aufgaben dabei als Mitglied und Vertreter der Gemeinde, aufgrund seines religiösen Wissens und nicht etwa irgendeiner Form von „Weihe" erfüllt.

In einer größeren Gemeinde steht dem Rabbiner oft ein Kantor (*Chasan*) zur Seite, der wesentlich für die Gestaltung des Gottesdienstes zuständig ist. Seit der Frühzeit der Synagogenliturgie bemühte man sich um deren würdige Ausgestaltung; dazu trug vor allem die liturgische Dichtung (*Pijjut*) bei, die begabte Vorbeter zur Ausschmückung und Ergänzung der traditionellen Gebete dichteten und vortrugen oder vorsangen. Viele dieser Pijjutim sind populär und fester Teil des Gottesdienstes an Sabbaten und Feiertagen geworden; mit der Reform der Liturgie sind auch viele dieser kunstvollen hebräischen Gedichte, die dem einfachen Volk kaum noch verständlich waren, gestrichen oder stark gekürzt worden. Andererseits bemühte man sich um musikalisch ausgebildete Kantoren, die auch einen Chor betreuen sollten. Reformsynagogen ließen auch Frauenstimmen und sogar Orgeln zu, die Konservativere als Inbegriff des Christlichen scharf ablehnten. In vielen Synagogen betreut ein Kantor nicht nur den musikalischen Teil des Gottesdienstes, sondern fungiert auch als Vorleser und Vorbeter, bleibt damit aber immer Vertreter der Betergemeinde, deren gemeinsame Aufgabe der Gottesdienst ist.

In der Synagoge finden sich nicht nur zu den Gottesdiensten des Sabbat die Beter ein; auch an Wochentagen, aus denen Montag und Donnerstag als frühere Markttage herausgehoben und durch eine Bibellesung ausgezeichnet sind, bemüht man sich, wo immer möglich, um einen Minjan für Morgen- und Abendgebet. Vor allem ist hier aber auf die *Feste des Jahreskreises* näher einzugehen, von denen einzelne schon im Rahmen des jüdischen Hauses erwähnt wurden.

Der biblische und damit auch der jüdische *Kalender* ist ein Mondkalender, der durch Schaltmonate an das Sonnenjahr angepaßt wird. Die Kalenderfrage ist in allen Religionen von größter Bedeutung, insofern der Kult dem von Gott in der Natur und im Lauf der Gestirne geoffenbarten Rhythmus entsprechen soll. Schon in der Frühzeit des Judentums findet sich die Vorstellung, daß der Kult im Tempel zeitgleich mit der himmlischen Liturgie der Engel stattzufinden habe. Zentral wurde dieser Gedanke ab etwa dem 3. Jh. v. besonders in der Apokalyptik. Viele ihrer Vertreter, denen die Tora ganz selbstverständlich auch Prinzip der Schöpfung und Naturgesetz war, setzten sich für den Sonnenkalender ein; ob man damit einen älteren Tempelbrauch verteidigte oder sich einfach für den naturwissenschaftlichen Fortschritt stark machte, der den Willen Gottes erst richtig erkennen ließ, läßt sich nicht entscheiden. Tatsache ist, daß für die Leute von Qumran die Frage des Sonnenkalenders ein wesentlicher Grund war, Jerusalem und seinen Tempel zu verlassen, da nach ihrer Meinung der Kult dort zu den falschen Daten gefeiert wurde und damit unwirksam war, dem in der Natur geoffenbarten Willen Gottes widersprach. Man versuchte in Qumran, mit einem Sonnenjahr von 364 Tagen ohne Schaltjahr das Jahr so zu regeln, daß alle Feste jedes Jahr auf denselben Wochentag fielen, und zwar nie auf einen Sabbat, um nicht Sabbatruhe und Festvorschriften zusammenstoßen zu lassen.

Durchgesetzt hat sich jedoch der noch heute übliche Mondkalender von gewöhnlich 354 Tagen, der durch Einfügung eines Schaltmonats (des zweiten Adar) immer wieder mit dem Sonnenjahr ausgeglichen wird, da ja die meisten Feste an die natürlichen Jahreszeiten gebunden sind. Anfangs entschied ein religiöses Gericht, welches Jahr ein Schaltjahr sei; später führte man einen festen Kalender ein, der in einem Zyklus von neunzehn Jahren sieben Schaltjahre vorsieht.

*Jahresbeginn* konnte in biblischer Zeit sowohl im Frühjahr (Pesach im ersten Monat: Lev 23,5; Laubhütten im siebten Monat: Lev 23,34) wie auch im Herbst (Ex 23,16: „das Fest der Lese am Ende des Jahres") angesetzt sein; später hat sich allgemein der Herbst (1.Tischri) als Neujahrstermin durchgesetzt. Als *Zeitrechnung* hat sich seit dem Mittelalter die zuerst in der Schrift Seder Olam belegte Zählung ab Erschaffung der Welt durchgesetzt: Das Jahr üblicher Zählung 1240 (bis September) war das Jahr 5000 ab Erschaffung der Welt und ist ein Ausgangspunkt bei der Umrechnung von Daten. Im religiösen Rahmen verwendet man natürlich den jüdischen Kalender, so etwa für den 13. Geburtstag, womit jemand religiös erwachsen wird, für den Jahrzeittag zum Gedenken eines Verstorbenen, aber auch für israelisch-nationale Gedenktage wie den Unabhängigkeitstag: die Unabhängigkeit des Staates Israel wurde am 14. Mai 1948 proklamiert, nach jüdischem Kalender dem 5. Ijar, der z.B. 1993 auf den 26. April fiel.

In einem Mondkalender ist natürlich der *Neumondtag* von besonderer Bedeutung. Die Bibel sieht dafür besondere Opfer vor (Num 28,11-15), Arbeitsruhe (Am 8,5), eventuell auch ein Festmahl (1 Sam 20,5). Noch in rabbinischer Zeit wurde der Neumond nicht berechnet, obwohl die Kenntnisse dazu durchaus gegeben waren, sondern durch Beobachtung festgestellt: Zwei zuverlässige Zeugen mußten dem Kalendergericht mitteilen, den Neumond gesehen zu haben; ansonsten zählte man erst den nächsten Tag als Monatsbeginn, hatte also einen Monat von 30 anstatt von 29 Tagen.

Weiter entfernt lebende jüdische Gemeinden, die nicht rechtzeitig benachrichtigt werden konnten, feierten Neumond und Feiertage, ausgenommen den Versöhnungstag, zwei Tage lang, um ganz sicher den richtigen Termin einzuhalten. Dieser Brauch hat sich in der Diaspora auch nach Einführung des festen Kalenders gehalten; nur die Reformgemeinden und teilweise auch konservative Synagogen haben den zweiten Feiertag abgeschafft. Neujahr wurde schon von den Rabbinen zwei Tage gefeiert, wohl wegen möglicher Unsicherheiten bei der Bestimmung des Neumonds; nur Reformsynagogen beschränken das Fest auf einen Tag.

Mit dem festen Kalender hat zwar der Neumondtag an Bedeutung verloren, doch wird er noch immer in der Liturgie festgehalten. Am Sabbat vor dem Neumond kündet der Vorbeter diesen an und betet um Segen im kommenden Monat, ehe die Torarolle in den Schrein zurückgebracht wird. In manchen Gegenden gilt der Tag vor dem Neumond als freiwilliger Fasttag, als „kleiner Versöhnungstag". Im Morgengebet des Neumondtages gibt es eine Toralesung, es wird das kleine Hallel rezitiert (Pss 113f; 117f) und ein Zusatzgebet eingefügt; fällt Neumond auf den Sabbat, wird eine zweite Torarolle ausgehoben, aus der nach dem normalen Wochenabschnitt die Lesung für den Neumondtag (Num 28,1-15) vorgetragen wird; Prophetenlesung ist dann Jes 66: „Wie der neue Himmel und die neue Erde, die ich erschaffe, vor mir stehen – Spruch des Herrn –, so wird euer Stamm und euer Name dastehen. An jedem Neumond und an jedem Sabbat wird alle Welt kommen, um mir zu huldigen, spricht der Herr" (66,22f). Einige Tage nach Neumond, meist nach Sabbatausgang, geht man in den Hof der Synagoge, den Mond zu begrüßen, ein Gebet zur „Heiligung des Neumonds" zu verrichten.

Das Jahr beginnt mit den zehn *jamim nora'im*, den „furchtbaren" oder „ehrfurchtgebietenden Tagen", den Tagen der Besinnung von Neujahr bis zum Versöhnungstag am 10. Tischri.

*Neujahr* als besonderes Fest ist eigentümlicherweise erst in der Mischna belegt, hat aber im Lauf der Zeit höchste Wertung erlangt, zählt mit dem Versöhnungstag als „die hohen Feiertage", an denen auch viele sonst der Tradition völlig Entfremdete die Synagoge besuchen.

Im Talmud (Rosch ha-Schana 10b-11a) diskutieren die Rabbinen, ob die Welt im Nisan, also zu Pesach, oder im Tischri, somit zu Neujahr, geschaffen wurde. Auch Nisan ist natürlich in der Bibel einer der möglichen Termine des Jahresanfangs. Daß Weltanfang und Jahresanfang zusammengehören, gilt jedenfalls als natürlich; die Liturgie von Neujahr bezeichnet denn auch den Tag als „Geburtstag der Welt".

An diesem Tag werden alle von Gott gerichtet, wie die Mischna sagt: „Zu Neujahr ziehen alle, die in die Welt kommen, vor ihm wie Soldaten (oder: wie Schafe) vorüber; denn es heißt: ,Der ihre Herzen gebildet hat, er achtet auf alle ihre Taten' (Ps 33,15)" (Rosch ha-Schana 1,2). Der Talmud bringt dazu die Aussage, daß zu Neujahr im Himmel die Bücher geöffnet werden; die völlig Gerechten werden endgültig in das Buch des Lebens eingetragen, die ganz Bösen ins Buch des Todes. „Die Mittelmäßigen bleiben in Schwebe von Neujahr bis zum Versöhnungstag. Verdienen sie es, werden sie fürs Leben eingeschrieben; verdienen sie es nicht, werden sie für den Tod eingeschrieben."

Im Zusatzgebet des Neujahrsgottesdienstes wird dieses Motiv aufgegriffen: „Wir verkünden die Würde und Heiligkeit des Tages, er ist so furchtbar und bedrohlich. Da erhebt sich dein Königtum und wird in Gnade dein Thron errichtet. Und du sitzt darauf in Wahrheit. Fürwahr, du bist der Richter und der Kläger und der wissende Zeuge. Du schreibst und siegelst, du buchst und zählst. Du gedenkst all des Vergessenen und öffnest das Buch der Erinnerung. Und von selbst liest es sich vor und das Siegel jedes Menschen ist darin... Wie der Hirt die Herde mustert und vorbeiziehen läßt die Herde unter seinem Stab, so läßt du vorbeiziehen, zählst und musterst die Seelen aller Lebenden. Und du bemißt jedem Geschöpf sein Ziel und schreibst sein Urteil. Zu Neujahr werden sie geschrieben und zum Fasten der Versöhnung besiegelt... Aber Umkehr und Gebet und Wohltätigkeit wenden die Härte des Urteils ab. Denn wie dein Name ist dein Ruhm, schwer zu erzürnen und leicht zu versöhnen; denn du hast kein Gefallen am Tod dessen, der sterben muß, sondern daß er umkehre von seinem Weg und lebe. Und bis zum Tage seines Todes wartest du auf ihn. Wenn er umkehrt, sofort nimmst du ihn auf."

Zu Neujahr, so versteht man den Text, wird das Urteil über die Taten des vergangenen Jahres gesprochen; bis zum Versöhnungstag hat man dann noch Gelegenheit, seine Sünden zu bereuen und zu sühnen, ehe das Urteil endgültig wird. Aus der Vorstellung der zu Neujahr hervorgebrachten himmlischen Bücher entstand auch der Neujahrswunsch: „Für ein gutes Jahr mögest du eingeschrieben werden."

Lev 23,24f heißt es vom 1. Tischri, dem späteren Neujahrstag: „Im siebten Monat, am ersten Tag des Monats, ist für euch Ruhetag, in Erinnerung gerufen durch Lärmblasen, eine heilige Versammlung. Da dürft ihr keine schwere Arbeit verrichten, und ihr sollt dem Herrn ein Feueropfer darbringen." Da mit Neujahr schon der Gedanke an das Gericht verbunden ist, versteht man das in der Bibel nicht näher begründete „Lärmblasen" als Erklingen der „Gerichtsposaune", genauer des Widderhorns, des *Schofar*, dessen Blasen das Gericht ankündigt. Schon in den vorangehenden Wochen erklingt zur Einstimmung das Schofar immer wieder; in den letzten Tagen vor Neujahr werden *Selichot*, Bußgebete um das „Verzeihen" Gottes, verrichtet. Zu Neujahr selbst markiert der eindringliche Klang des Schofar in genau vorgeschriebener Reihen- und Tonfolge den ganzen langen Gottesdienst.

Das Schofarblasen ist jedoch mehr als Erinnerung an Gericht und Buße, das Widderhorn selbst nicht einfach ein Relikt aus Zeiten, da die meisten Israeliten noch Bauern und Hirten waren. Es ist eng mit der biblischen Erzählung von Isaaks Opferung verbunden, die am zweiten Tag des Neujahrfestes (in reformierten Gemeinden am einzigen Festtag) als Toralesung vorgetragen wird: Abraham gehorcht der Aufforderung Gottes, seinen einzigen Sohn als Opfer darzubringen, wird jedoch vor der Ausführung von Gott zurückgehalten; seinen Gehorsam hat Abraham ja schon erwiesen. „Als Abraham aufschaute, sah er: ein Widder hatte sich hinter ihm mit seinen Hörnern im Gestrüpp verfangen. Abraham ging hin, nahm den Widder und brachte ihn statt seines Sohnes als Brandopfer dar" (Gen 22,13).

Die Bibel versteht diese Szene als Begründung für die Wirksamkeit der Opfer im Tempel, hinter denen der Gehorsam Abrahams ebenso steht wie die Bereitschaft Isaaks, den Tod auf sich zu nehmen. Das Verdienst der Patriarchen wirkt in den Opfern fort und macht auch jedes Gebet ihrer Nachfahren wirksam. Dies alles war, wie rabbinische Legende weiß, schon vom Anfang her so bestimmt: Der Widder, der anstelle Isaaks geopfert wurde und dessen Horn für immer an diese Szene erinnert, gehört zu den zehn Dingen, die Gott schon zu Beginn der Welt erschaffen und von Anfang an für ihre Rolle in der Heilsgeschichte Israels bestimmt hat.

So ist das Schofar nicht nur Gerichtssignal, sondern auch Zeichen der Hoffnung auf das rettende Eingreifen Gottes, den man in der Neujahrsliturgie bittet, „das große Schofar (als Signal) für unsere Freiheit" ertönen zu lassen, als Zeichen für die Heimkehr der Verbannten. In der Synagogenkunst ist so das Widderhorn von Anfang an als Symbol der Heilshoffnung verwendet worden und ziert auch viele Grabsteine als Kurzformel für die Hoffnung, beim göttlichen Gericht auch durch das Verdienst Abrahams und Isaaks bestehen zu können.

Im Neujahrsgottesdienst dominiert das Thema der Königsherrschaft Gottes, der als Schöpfer der Welt auch der Gerichtsherr ist. „Der König sitzt auf dem Thron, hoch und erhaben. Er thront in Ewigkeit, erhaben und heilig ist sein Name ... Der König, er wohnt im Licht, hüllt sich in Licht wie in ein Kleid ... In Gerechtigkeit kleidet er sich, geheiligt ist er durch Recht." „Der König erhält durch Recht die Erde, der Höchste über aller Erde. Erkennen und wissen soll die ganze Erde, die Bewohner der Welt, die besiedeln die Erde, vom Ende der Erde bis zum Ende der Erde: er, der erschaffen hat von Ende zu Ende die ganze Erde, wirkt Recht und Gerechtigkeit auf der Erde.

Erhebt er sich zum Gericht, wird verstummen die Erde ... und eine Stimme lassen sie hören im Himmel und auf der Erde: Wie erhaben ist dein Name auf der ganzen Erde..."

Erwähnt sei hier auch der seit dem Mittelalter belegte Brauch, am Nachmittag, wenn nicht gerade Sabbat ist, an einen Fluß oder sonst an ein Wasser zu gehen und dort die Verse Micha 7,18-20 zu lesen: „Wer ist ein Gott wie du, der du Schuld verzeihst und dem Rest deines Erbvolkes das Unrecht vergibst? Gott hält nicht für immer fest an seinem Zorn, denn er liebt es, gnädig zu sein. Er wird wieder Erbarmen haben mit uns und unsere Schuld zertreten. Ja, du wirfst (hebr.: *taschlikh*) all unsere Sünden in die Tiefe des Meeres hinab..." Dazu wirft man symbolisch Brotkrumen ins Wasser. Die nach dem Stichwort des Bibeltextes *Taschlikh* genannte Sitte wurde von manchen als Aberglaube abgelehnt, hat sich aber eingebürgert. Wer sie im Zusammenhang des Bibeltextes und der Gebete des Tages versteht, wird darin nicht ein magisches Ritual sehen, seine Sünden loszuwerden, sondern einen Brauch, der sinnbildlich den Gedanken des Tages Ausdruck verleiht.

Sündenbewußtsein, Buße, Umkehr und Fasten prägen die Stimmung auch der folgenden Tage bis zum Versöhnungstag am 10. des Monats. Im Morgen- und Nachmittagsgebet wird täglich außer am Sabbat die im Wechsel zwischen Vorbeter und Volk vorgetragene Litanei eingefügt: „Unser Vater, unser König, wir haben gesündigt vor dir. Unser Vater, unser König, wir haben keinen König außer dir ... erneuere über uns ein gutes Jahr ... verzeih uns und vergib uns unsere Schuld ... lösch aus in deinem großen Erbarmen all unsere Schuldbriefe ... laß uns in vollkommener Buße vor dir umkehren ... zerreiß den harten Urteilsspruch über uns."

Anders als der Neujahrstag ist der *Versöhnungstag* (*Jom Kippur*) am 10. Tischri in der Bibel ausführlich beschrieben: „An diesem Tag entsühnt man euch, um euch zu reinigen. Vor dem Herrn werdet ihr von allen euren Sünden wieder rein. Dieser Tag ist für euch ein vollständiger Ruhetag, und ihr sollt euch Enthaltung auferlegen" (Lev 16,30 f). An diesem Tag wurden der Tempel, die Priester und das Volk entsühnt; es war der feierlichste Gottesdienst des Jahres, vom Hohenpriester selbst zelebriert, der einzig an diesem Tag das Allerheiligste betreten durfte.

Wo der Bibeltext das Ritual in den Mittelpunkt stellt, betonen die Rabbinen nach Zerstörung des Tempels die innere Umkehr des Menschen: „Wer sagt: Ich will sündigen und Buße tun, sündigen und Buße tun, wird keine Gelegenheit finden, Buße zu tun. (Wer sagt:) Ich will sündigen und der Versöhnungstag wird sühnen, da sühnt der Versöhnungstag nicht. Sünden zwischen Mensch und Gott sühnt der Versöhnungstag; (Sünden) zwischen dem Menschen und seinem Nächsten sühnt der Versöhnungstag erst, wenn einer seinen Nächsten besänftigt hat" (Mischna Joma 8,9). Somit wird erwartet, daß jeder Teilnehmer am Gottesdienst sich zuvor mit jedem, den er beleidigt oder mit dem er einen Streit gehabt hat, um Frieden bemüht.

Jom Kippur ist nicht nur ein absoluter Fasttag, an dem man weder ißt noch trinkt (außer bei Krankheit); nach Auffassung der Mischna schließt die von der Bibel befohlene „Enthaltung" auch den Verzicht auf Bad und ehelichen Verkehr, ja auch auf das Tragen von Lederschuhen ein. An diesem Tag, den man zum größten Teil mit dem Gottesdienst verbringt, sind der Vorhang vor dem Toraschrein und die Decke auf dem Lesepult weiß; in vielen Gemeinden tragen auch die Beter – zumindest jedoch der Vorbeter – den weißen „Kittel" (der auch das Sterbekleid sein wird).

Die Liturgie des Tages ist durch das mehrfach wiederholte Sündenbekenntnis geprägt, woraus ein Stück zitiert sei: „Unser Gott und Gott unserer Väter. Es komme vor dich unser Gebet. Und verbirg dich nicht vor unserem Flehen; denn wir sind nicht so frech und hartnäckig, um vor dir zu sagen: Herr unser Gott und Gott unserer Väter, gerecht sind wir und haben nicht gesündigt. Ja, wir haben gesündigt. ... Es sei dein Wille, Herr unser Gott und Gott unserer Väter, unsere Sünden zu sühnen, unsere Übertretungen zu vergeben und all unsere Vergehen zu verzeihen: Die Sünde, die wir vor dir unter Druck oder willentlich begangen haben ... aus Herzlosigkeit ... in Gedankenlosigkeit... durch leichtsinniges Reden... öffentlich oder geheim..." (im Hebräischen sind die Sünden alphabetisch, nicht thematisch geordnet).

Im Abendgottesdienst singt man ein aramäisches Gebet, das nach seinen Anfangsworten *Kol Nidre* heißt: „Alle Gelübde, Entsagungen, Schwüre, Bannungen ... mit denen wir unsere Seelen von diesem Jom Kippur bis zum kommenden Jom Kippur binden ... seien alle aufgelöst..." Von Anfang an war diese Formel innerjüdisch umstritten und von der nichtjüdischen Umwelt oft so mißverstanden, daß Juden damit jeden Eid von vornherein als ungültig erklären. Daher hat man oft versucht, den Text aus der Liturgie zu streichen; dennoch hat er sich bis heute allgemein gehalten. Richtig verstanden, meint der Text nur unbedachte, vielleicht auch schon wieder vergessene Äußerungen vor Gott, für die man sich entschuldigt; nicht dagegen befreit er von Verpflichtungen gegenüber Mitmenschen.

Den Sündenbekenntnissen entsprechen eine Reihe von Gebeten um das Verzeihen Gottes, *Selichot*, als deren Kern schon im Talmud die Verkündigung der dreizehn Eigenschaften Gottes gilt: „Der Herr ist ein barmherziger und gnädiger Gott, langmütig, reich an Huld und Treue. Er bewahrt Tausenden Huld, nimmt Schuld, Frevel und Sünde weg und läßt straffrei" (Ex 34,6f; im Kontext der Bibel gehören noch zwei Worte dazu, womit es heißt: „aber er läßt [den Sünder] nicht straffrei"!). Nach der ersten Toralesung (natürlich Lev 16) des Morgengottesdienstes, in anderen Gemeinden erst nach dem Nachmittagsgottesdienst gedenkt man der Toten (*Jizkor*, Gott „möge gedenken" der Seele von N.N.). Im Zusatzgebet findet die *Aboda* ihren Platz, die dichterische Schilderung des „Gottesdienstes" des Hohenpriesters am Versöhnungstag; im Nachmittagsgottesdienst wird als Prophetenlesung das Buch Jona vorgetragen, dessen Grundgedanke des verzeihenden Gottes so ganz zur Thematik des Versöhnungstages paßt.

Als Schlußgebet des langen Tages in der Synagoge kommt kurz vor Sonnenuntergang die *Ne^cila*, das „Verschließen" (ursprünglich das Verschließen des Tempels am Ende des Tages):

„Öffne uns das Tor zur Zeit des Torschlusses, denn der Tag hat sich geneigt... Wir wollen kommen in deine Tore... Sei barmherzig, sühne uns, tilge Sünde und Schuld ... Die Tore des Himmels öffne und deine Schätze an Güte mach uns auf... Erlöse uns, Herr, unser Heil!" Das Blasen des Schofar beendet den Tag.

Nur wenige Tage später beginnt das schon erwähnte Laubhüttenfest, an das sich *Simchat Tora* anschließt; mit diesem Fest der „Freude an der Tora" endet der Jahreszyklus der Toralesung und beginnt zugleich der nächste. Aus Freude darüber, daß Israel von Gott die Tora als Geschenk erhalten hat, nimmt man alle Torarollen, die eine Synagoge besitzt, aus dem Schrein und trägt sie in festlichem Umzug durch die Synagoge, wobei jeder einmal eine Rolle tragen darf. Auch bei der Lesung – zuerst Dtn 33f und dann gleich der Schöpfungsbericht von Gen 1 – versucht man möglichst viele zu beteiligen; als besondere Ehre gilt, die letzten oder die ersten Verse der Tora vorlesen bzw. dazu den Segen sprechen zu dürfen. Unter Hymnengesang tanzen dann die Träger mit den Rollen der Tora, ehe sie wieder zum Schrein zurückgebracht werden. Als eigenes Fest ist Simchat Tora erst im 10. Jh. belegt; der ihm zugrunde legende Gedanke ist aber ein Grundmotiv des gesamten nachbiblischen Judentums – das Bewußtsein, daß die Tora nicht eine Last, sondern eine Auszeichnung Israels ist, ein Geschenk Gottes, für das man nicht genug danken kann.

Dieser Gedanke durchzieht auch *Schabuot*, das „*Wochenfest*", das christliche Tradition zu Pfingsten umprägte. Ursprünglich war es das Fest der Weizenernte (Ex 23,16); als Erstlingsgaben brachte man dazu zwei Brote in den Tempel (Lev 23,17). Die Zeitangabe der Bibel „Vom Tag nach dem Sabbat [oder: Fest], an dem ihr die Garbe für die Darbringung gebracht habt, sollt ihr sieben volle Wochen zählen" (Lev 23,15) ist nicht ganz eindeutig: zählt man vom Tag nach Pesach oder vom Sonntag danach? Das hat schon zur Zeit des Zweiten Tempels zu gravierenden Differenzen zwischen Pharisäern und Sadduzäern geführt – wie bedeutend Kalenderfragen waren, wurde ja schon betont. Die sadduzäische Position, wonach Schabuot immer ein Sonntag ist, hat sich bei Karäern und Samaritanern erhalten; im Hauptstrom des Judentums hat sich die Zählung ab dem zweiten Pesachtag durchgesetzt.

„Im dritten Monat nach dem Auszug der Israeliten aus Ägypten" (Ex 19,1) kamen sie am Sinai an, und am dritten Tag ihres Aufenthalts – dem Wochenfest entsprechend – offenbarte sich ihnen Gott am Berg und verlieh ihnen die Tora. So ist denn Ex 19-20 die Toralesung am Fest (bzw. in der Diaspora an seinem ersten Tag); bei der Verlesung der Zehn Gebote stehen alle wie einst am Sinai (Ex 19,17 „Unten am Berg blieben sie stehen"). Prophetenlesung ist passend Ez 1, die Vision des göttlichen Thronwagens. Irdische und himmlische Welt verschmelzen in Gottes Offenbarung.

Seit dem 16. Jh. breitete sich, von den Mystikern in Safed ausgehend, der Brauch aus, die Nacht des Wochenfestes ganz in das Zeichen der Tora zu stellen: Man liest Anfänge und Enden aller Wochenabschnitte der Tora und dann aller anderen biblischen Bücher, schließlich auch noch die Anfänge aller Traktate der Mischna. Damit betont man die umfassende Einheit der Tora: Nicht nur die Zehn Gebote wurden Mose am Sinai geoffenbart, sondern die gesamte Tora; ja auch die ganze übrige Bibel und auch die mündliche Tora haben auf je eigene Weise teil an dieser Würde als Gottes Wort. Gegen jede Verkürzung der Offenbarung auf das Zehnwort vom Sinai bekennt man sich also zu ihrem vollen Umfang. Das Bewußtsein einer „Mitte der Schrift" fehlt auch in jüdischer Tradition nicht – Dekalog und „Höre Israel" (Dtn 6,4f) sind natürlich Kerntexte; doch Fülle und Leben erhalten sie erst in Verbindung mit der ganzen Tora in ihrer zweifachen Gestalt, schriftlich und mündlich, und diese ganze Tora feiert man auch am Wochenfest.

# VI. Heirat und Familie

Schon bei der Beschneidung eines Knaben wünschen die Anwesenden: „Wie er in den Bund eingeführt wurde, möge er in die Tora, zur Ehe und zu guten Taten geführt werden." Ebenso haben wir schon Abot 5,21 zitiert: „...mit achtzehn zur Ehe." Heirat und Ehe gehören für jüdisches Denken zur natürlichen, gottgewollten Lebensordnung; Ehelosigkeit „um des Himmelreiches willen" (Mt 19,12) hat hier angesichts von Gen 1,27f; 2,18-24 keinen Platz. Teile der Essener – laut Plinius „ein ewiges Geschlecht, in dem niemand geboren wird" – sind eine vereinzelte Ausnahme in der langen jüdischen Tradition. Alleinbleiben mag Schicksal sein, ist aber nie angestrebtes, religiös motiviertes Ziel.

Im Talmud (Jebamot 62b-63a) heißt es: „Jeder Mensch, der keine Frau hat, lebt ohne Freude, ohne Segen, ohne Gutes... Jeder Mensch, der keine Frau hat, ist kein Mensch; denn es heißt: ,Als Mann und Frau erschuf er sie ... und nannte sie Mensch' (Gen 5,2)." Diese Hochschätzung der Ehe drückt sich auch darin aus, daß die Rabbinen die Ausstattung mitteloser Mädchen für die Ehe als religiöse Pflicht betrachten, ebenso die Teilnahme an der Freude einer Hochzeit: Rabbinen sollen sogar das Studium der Tora unterbrechen, um den Hochzeitszug wenigstens ein Stück zu begleiten und damit der Braut die Ehre zu geben (Ketubbot 17a).

Traditionell kümmerten sich die Väter um Ehepartner für ihre Kinder – siehe z. B. Gen 24 über Isaak und Rebekka oder Ri 14 über Simsons Hochzeit. In ganz orthodoxen Kreisen, wo junge Männer und Mädchen kaum Gelegenheit haben, einander kennenzulernen, hat sich das bis in die Gegenwart gehalten, setzt man vielfach auch heute noch Heiratsvermittler ein. Vor allem Mädchen versuchte man traditionell, besonders im Orient, möglichst früh zu verheiraten. Auch der Mann sollte, schon um sich vor sexuellen Versuchungen zu schützen, bald heiraten; doch erwartete man von ihm zumindest eine gewisse wirtschaftliche Selbständigkeit. Aus Dtn 20,5-7, wonach vom

Kriegsdienst befreit ist, wer gerade ein Haus gebaut, einen Weinberg gepflanzt oder sich soeben verlobt hat, leiten die Rabbinen eine ideale Reihenfolge ab: Bevor man heiratet, sollte man Wohnung und Beruf haben (Sota 44a).

Doch wie auch immer eine Ehe zustande kommt, ist für ihre Gültigkeit auf jeden Fall die Zustimmung beider Partner Voraussetzung. Die im Bibeltext genannte „Verlobung" ist übrigens mehr als ein Eheversprechen, und sei dieses auch durch Festsetzung der wirtschaftlichen Bedingungen abgesichert, wie das traditionell verbreitet ist: Rechtlich gilt sie wie eine Heirat, nur daß es noch keinen gemeinsamen Haushalt gibt. Seit dem Mittelalter hat man daher „Verlobung" und Heirat miteinander verbunden.

*Mischehen* sind als Gefährdung des Glaubens in gewissem Umfang schon in der Tora verboten (Dtn 7,1-3). Beim Wiederaufbau der jüdischen Gemeinde nach dem Exil in Babylonien bemühten sich Esra und Nehemia um ein striktes Verbot jeder Mischehe und erzwangen die Auflösung schon eingegangener Mischehen unter Hinweis auf die damit gebrochene Treue zu Gott und die bösen Folgen, die fremde Frauen für Salomo hatten (Esra 9f; Neh 13,23-29). Im allgemeinen hat sich das Verbot schnell durchgesetzt, wurde die Ehe mit einem nichtjüdischen Partner (meist war es die Frau) erst nach dessen Annahme des Judentums anerkannt. Solange in Europa das Eherecht als religiöse Sache galt, waren Mischehen kein Problem (wenn wir vom Glaubenswechsel in Hinsicht auf eine Heirat absehen). Anders wurde es, als im 19. Jh. die meisten Länder die Möglichkeit der Zivilehe einführten. Seither sind Mischehen fast zu einer Existenzfrage geworden, auch wenn jüdische Gemeinden dabei nicht nur Mitglieder verlieren, sondern auch neue gewinnen.

In orthodoxen Gemeinden besucht die Braut üblicherweise vor der Hochzeit das rituelle Bad, die *Miqwe*, um dort ein Tauchbad zu nehmen. Nach rabbinischer Auffassung darf das Wasser für die in der Bibel vorgeschriebenen Reinigungen (v. a. Lev 15) nicht geschöpft sein, sondern muß sich selbst sammeln (Gen 1,9 „das Wasser sammle sich"), aus einer Quelle oder Regenwasser, und eine bestimmte Mindestmenge aufweisen; wer sich reinigen will, muß darin völlig untertauchen. Der Großteil der in der Mischna genau geregelten Reinheitsgesetze ließ sich allerdings außerhalb von Palästina nie und auch in Israel selbst nur bedingt einhalten und geriet so bald außer Übung. Unaufgebbar erschienen dagegen die Vorschriften im Zusammenhang mit der Monatsregel der Frau.

Während der Regel ist die Frau nach Lev 15 „unrein"; erst sieben Tage nach Aufhören der Blutung und Untertauchen im rituellen Bad sind ihr eheliche Beziehungen wieder erlaubt. Wenn in diesem Zusammenhang von „Unreinheit" die Rede ist, darf man das nicht als moralische Abwertung der Sexualität oder gar der Frau in ihren körperlichen Funktionen mißverstehen. Mit den Begriffen „rein" und „unrein" trennt die Bibel vielmehr göttlichen und menschlichen Bereich, umschreibt sie, was uns heute eher als „Tabu" geläufig ist. Leben zu wecken steht allein in Gottes Macht: „Der Herr macht tot und lebendig" (1 Sam 2,6). Die Monatsblutung macht stets von neuem die Fruchtbarkeit der Frau bewußt, ihre Teilhabe am göttlichen Bereich des Lebens, damit aber auch das Eindringen in eine „Tabuzone", aus der man durch Untertauchen im rituellen Bad wieder in die „profane" Welt zurückkehrt.

Wie immer man das auch im einzelnen verstanden hat, waren jüdische Gemeinden immer bemüht, den Vorschriften entsprechende rituelle Bäder zu errichten, die bei uns oft über kunstvolle Wendeltreppen bis zum Grundwasser hinabführen. Da sie in erster Linie von Frauen benutzt wurden, hat sich die Bezeichnung „Frauenbad" eingebürgert.

Am Hochzeitstag – auf keinen Fall ein Sabbat! – tauschen Braut und Bräutigam Geschenke aus: Traditionell erhält sie ein Gebetbuch und er einen Gebetsmantel. Wenn es nicht ein Freudentag (etwa Monatsbeginn oder Chanukka) ist, fastet das Brautpaar bis zur Zeremonie. Dies ist ein Zeichen der Besinnung wie auch das Sündenbekenntnis, das der Bräutigam ins Achtzehngebet des Nachmittagsgottesdienstes einfügt, nach dem gewöhnlich die Trauung stattfindet.

Die Trauung selbst kann überall stattfinden, in Israel z.B.

gern im Freien; die Synagoge ist dafür ein würdiger Ort und feierlicher Rahmen, doch nicht vorgeschrieben. Ein Minjan ist erwünscht (abgeleitet von Rut 4,2, der Heirat von Boas und Rut), doch ebenfalls nicht Pflicht. Vorgeschrieben sind dagegen zwei Zeugen – zwei mit dem Brautpaar nicht verwandte Männer. Sie unterschreiben noch vor der Trauung den Ehevertrag, dem der Bräutigam mit einer symbolischen Geste zustimmt.

Der Ehevertrag, die *Ketubba*, ist streng vorgeschrieben. Seit dem Mittelalter oft aufwendig künstlerisch gestaltete Exemplare finden sich heute in vielen Museen. Die frühesten erhaltenen Belege stammen von Elephantine (bei Assuan; 5. Jh. v.); ebenso erhalten ist der Ehevertrag einer gewissen Babata (Anfang 2. Jh.), deren Dokumente man in einer Höhle am Toten Meer gefunden hat. Der aramäische Text entspricht auch heute noch demselben Grundmuster, das fast nur durch Einfügung von Datum, Ort und persönlichen Angaben variiert wird. Wesentlicher Inhalt ist die Verpflichtung des Mannes, seine Braut zu ehren, für ihren Unterhalt zu sorgen und ihr eine bestimmte Summe gutzuschreiben (diese muß er zum Zeitpunkt der Eheschließung noch nicht besitzen; Armut soll ja nicht von der Ehe ausschließen!). Nach rabbinischem Recht beträgt die Mindestsumme für eine Jungfrau zweihundert Zuz (Münze, die einem Tageslohn entspricht), für eine Witwe oder Geschiedene hundert Zuz. Ebenso festgehalten wird die Mitgift der Braut und was der Bräutigam ihr dazugibt.

Beim Tod des Mannes erhält die Frau ihre Ansprüche aus dem Erbe (soweit vorhanden). Bei einer nicht durch sie verschuldeten Scheidung muß der Mann sie voll auszahlen; die Mitgift allein erhält sie auch bei eigenem Verschulden. Die Rabbinen wollten mit diesem Vertrag der Frau eine gewisse Sicherstellung bieten: Starb ihr Mann, war sie gegenüber seiner Familie rechtlich abgesichert – in der Antike durchaus keine Selbstverständlichkeit! Vor allem aber hinderte dieser Vertrag den Mann, leichtfertig die Scheidung zu verlangen, wie es ihm sonst unter Ausnützung des Eherechts möglich gewesen wäre. Verglichen mit der in der Antike üblichen Rechtsstellung der Frau, war ihr durch die Ketubba beachtliche Sicherheit geboten, die Stabilität von Ehe und Familie wurde durch profane finanzielle Regelungen wesentlich gefördert.

Zur Trauung wird das Brautpaar unter die *Chuppa* geführt, den „Baldachin", der das Heim des Paares symbolisiert. Im ersten Teil der Zeremonie, den *Erusin* („Angelobung"), spricht der Rabbiner (oder der Kantor) den Segen über einen Becher Wein, aus dem Braut und Bräutigam trinken. Dann folgt der für die Gültigkeit wesentliche Akt, in dem der Mann der Braut einen Ring mit den hebräischen Worten überreicht: „Durch diesen Ring bist du mir angelobt nach dem Gesetz Moses und Israels." Die Mischna spricht einfach von *kesef* („Silber, Geld") in einem bestimmten Mindestwert, wodurch eine Frau angetraut wird; der Talmud ergänzt, daß der Mann bei der Überreichung sagen muß: „Siehe, du bist mir geheiligt", „Siehe, du bist meine Frau" oder ähnlich, also die mit dem Geschenk verbundene Absicht aussprechen muß (Qidduschin 5b); die Frau drückt durch Annahme des Geschenks ihre Zustimmung aus. Erst im Lauf der Zeit wurde die Formel vereinheitlicht und ein Ring die übliche Form des Geschenks. In konservativen und liberalen Synagogen kann auch die Braut dem Mann einen Ring überreichen.

In der anschließenden Pause liest man die Ketubba (auch oder nur in Übersetzung) vor und singt eventuell der Kantor oder ein Chor Psalmen (beliebt sind Ps 100, 128, 150). Dann folgt der zweite Teil, die eigentliche Eheschließung (*Nissuin*), der ursprünglichen Heimführung der Braut entsprechend. Dazu wird wieder ein Becher Wein gefüllt, über ihn der Segen gesprochen und eine Gruppe von sechs Segenssprüchen angefügt, die Gott als den Schöpfer preisen, der den Menschen nach seinem Ebenbild geschaffen und ihm eine Frau zugesellt hat, und mit den Worten enden: „Gepriesen seist du, Herr, der den Bräutigam mit der Braut erfreut."

Wenn nun der Bräutigam ein Glas zerbricht, so ist das die Übernahme eines ursprünglich nicht jüdischen Brauchs, vielleicht zur Abwehr von Dämonen, die das Glück des Brautpaars eifersüchtig macht. Doch haben schon die Rabbinen diesem Brauch einen tieferen Sinn gegeben: „Dient dem Herrn in

Furcht, freut euch in Zittern" (Ps 2,11). Wo Freude herrscht, sollte auch Zittern sein, kein Übermut aufkommen. So erzählt der Talmud von zwei Rabbinen, die bei der Hochzeit ihrer Söhne, als die Stimmung schon ganz ausgelassen war, wertvolle Gläser zerbrachen, worauf alle wieder ernst wurden (Berakhot 30b-31a).

Anschließend läßt man das junge Paar in einem Nebenraum kurz allein, Sinnbild für die eheliche Vereinigung (*Jichud*), durch die die Trauung vollendet wird. Somit vereint der Hochzeitsritus alle drei Elemente, die in der Mischna noch als Alternativen genannt werden: „Eine Frau wird auf drei Arten erworben... durch Geld, Urkunde und Beischlaf" (Qidduschin 1,1).

Ein wesentliches Ziel der Ehe sind *Kinder*. „Seid fruchtbar und vermehrt euch" (Gen 1,28) ist nach dem Verständnis der Rabbinen persönlicher Auftrag an jeden einzelnen. „Nicht enthalte sich ein Mensch der Fortpflanzung, wenn er nicht schon Kinder hat. Die Schule Schammais sagt: zwei Knaben, und die Schule Hillels sagt: ein Knabe und ein Mädchen; denn es heißt: ‚Als Mann und Frau erschuf er sie' (Gen 5,2)" (Jebamot VI,6).

Sich um Nachwuchs zu bemühen, gilt in erster Linie als Verpflichtung des Mannes; deshalb sieht die Fortsetzung der Mischna sogar vor, daß der Mann nach zehn Jahren unfruchtbarer Ehe sich seiner Pflicht nicht länger entziehen darf: Der Talmud (Jebamot 64a) erinnert in diesem Zusammenhang an das Beispiel Abrahams, dem Sara nach zehn Jahren der Kinderlosigkeit ihre Magd als Nebenfrau gab (Gen 16,2 f). In talmudischer Zeit war es prinzipiell noch möglich, eine zweite Frau zu heiraten (ebenso noch später in islamischer Umwelt), auch wenn die Einehe die allgemein übliche Praxis war. In der westlichen Welt hingegen, wo R. Gerschom schon im 11. Jh. die biblisch erlaubte Polygamie strikt verboten hatte, wäre nach strengem Verständnis der Mischna der Mann gezwungen gewesen, sich von seiner Frau scheiden lassen, um in einer neuen Ehe auf Kinder zu hoffen. Doch betont schon Mose Isserles in seiner normativ gewordenen Ausgabe des Schulchan Arukh

(16. Jh.), daß man in dieser Zeit niemanden mehr dazu zwinge. Wie wichtig man in der jüdischen Tradition die Fortpflanzung nimmt, ist damit jedoch deutlich gezeigt.

Wo man Nachwuchs als halakhische Verpflichtung versteht, liegt es nahe, diese Pflicht genauer zu definieren. Aus bestimmten Bibelstellen leiten die Rabbinen ab, daß der Pflicht mit zwei Kindern genügt sei; der Talmud zitiert als Lehre der Schule Hillels auch die Meinung, ein einziges Kind genüge. Solche Aussagen mit „Familienplanung" in Verbindung zu bringen, hieße die Wirklichkeit der Spätantike mit ihrer hohen Kindersterblichkeit verkennen. Kinderreichtum galt stets als Segen. Doch sind hier sicher Ansätze, um aus religiöser Sicht in einer veränderten Welt heute passende Antworten zu finden.

Für die Rabbinen ist die Erhaltung bestehenden Lebens oberstes Prinzip. Darum hatte man keinen Einwand gegen Empfängnisverhütung, wo die Frau zu jung und schwach war, um ungefährdet ein Kind zur Welt zu bringen, ebenso, solange die Frau ein Kind stillte (Jebamot 12b). Auch erlaubt die Mischna bei einer schweren Geburt die Tötung des Kindes, um das Leben der Mutter zu retten; „denn ihr Leben geht seinem Leben voraus" (Ohalot 7,6). Damit ist bei Gefahr für das Leben der Mutter auch die Abtreibung erlaubt. Wie eng oder weit man diese rabbinischen Ansätze auslegt, hängt von der jeweiligen Richtung des Judentums ab und ist natürlich vor allem Frage persönlicher Entscheidung.

Die Bibel regelt den Vorgang bei einer *Scheidung*: „Wenn ein Mann eine Frau geheiratet hat und ihr Ehemann geworden ist, sie ihm dann aber nicht gefällt, weil er an ihr etwas Anstößiges entdeckt, stellt er ihr eine Scheidungsurkunde aus, gibt sie ihr in die Hand und schickt sie aus seinem Haus" (Dtn 24,1). Die Frau darf damit eine neue Ehe eingehen (für den Mann war das in einer polygamen Gesellschaft ohnehin kein Problem), nach dieser aber nicht wieder zu ihrem früheren Mann zurückkehren. Gegenüber der in der Antike verbreiteten formlosen Verstoßung der Frau war hier der Ansatz einer rechtlichen Regelung gegeben.

Die Rabbinen haben sich später ausführlich mit der Thematik befaßt und ihr eigene Traktate in Mischna und Talmud gewidmet (*Gittin*, „Scheidebriefe"). Darin bemühen sie sich um eine nähere Bestimmung des in der Bibel angegebenen Scheidungsgrundes: Ist „etwas Anstößiges" Umschreibung für Ehebruch oder alles, was dem Mann mißfällt? Vor allem aber geht es ihnen um ein rechtlich korrektes Verfahren, wenn schon eine Scheidung nicht zu vermeiden ist, die die Rabbinen alles andere als leicht nehmen: „Für den, der sich von seiner ersten Frau scheidet, vergießt sogar der Altar Tränen... Alles kann man ersetzen, nur nicht die Frau seiner Jugend... Nur mit seiner ersten Frau findet man Freude" (Sanhedrin 22a).

Nach dem Text der Bibel ist die Scheidung ein einseitiger Akt des Mannes. Die Mischna legt dann bestimmte Bedingungen fest, unter denen die Frau eine Scheidung verlangen kann und dadurch auch nicht den Anspruch auf ihre Ketubba verliert; doch muß sie dazu immer über das jüdische Gericht die Zustimmung ihres Mannes erreichen; ohne seine Zustimmung ist keine Scheidung gültig (Jebamot 14,1). Rabbenu Gerschom, der im 11. Jh. die Monogamie im aschkenasischen Judentum zum Gesetz erhob, verlangte für eine gültige Scheidung auch die Zustimmung der Frau; auch wurde das Verfahren durch zwingende Beteiligung eines rabbinischen Gerichts noch mehr formalisiert. Dennoch blieb das in der Bibel begründete Ungleichgewicht bestehen: Da dem Mann biblisch Polygamie erlaubt ist, konnte er zumindest in bestimmten Fällen auch weiterhin ohne Zustimmung der Frau auskommen, was umgekehrt kaum möglich ist.

Das Problem verschärfte sich mit dem Aufkommen von staatlicher Ehe und Scheidung und der starken Zunahme von Scheidungen in unserer Zeit. Wenn einer der Partner nicht religiös ist oder selbst nicht an Wiederverheiratung denkt, kann er mit Verweigerung des Scheidebriefes (*Get*) den anderen Partner leicht erpressen oder quälen. In Israel wirkt in einem solchen Fall das staatliche Gericht an der Durchsetzung einer Entscheidung des religiösen Gerichts (das in Israel für das Familienrecht zuständig ist) mit, übt also Druck aus, bis der unwillige Partner der religiösen Scheidung zustimmt. Anderswo gibt es hingegen wenig Möglichkeiten, und die Frau ist im allgemeinen der schwächere Teil. Lösungen sind hier nicht abzusehen.

Kurz erwähnt sei hier auch die in Dtn 25,5-10 geregelte *Schwagerehe*: „Wenn zwei Brüder zusammen wohnen und der eine von ihnen stirbt und keinen Sohn hat, soll die Frau des Verstorbenen nicht die Frau eines fremden Mannes außerhalb der Familie werden. Ihr Schwager soll sich ihrer annehmen, sie heiraten und die Schwagerehe mit ihr vollziehen." Aus dieser Ehe stammende Kinder sind Erben des Verstorbenen. Weigert sich der Schwager, zieht ihm die Witwe vor Gericht als Zeichen den Schuh aus und spuckt ihm ins Gesicht. Dieses „Schuhausziehen" (*Chalitsa*), ursprünglich als Beschämung dessen gedacht, der seine sozialen Pflichten nicht erfüllen will, wird später der Ritus, mit dem man sich allgemein der Pflicht entbindet. Denn was in der agrarisch-patriarchalischen Großfamilie biblischer Zeit die kinderlose Witwe absichern und zugleich das Familienerbe zusammenhalten sollte, erwies sich später immer mehr als Last, besonders, da sich die Einehe fast allgemein durchsetzte. Die Rabbinen widmeten dem Problem einen eigenen Traktat der Mischna: Als biblische Regelung konnten sie die Schwagerehe nicht abschaffen, grenzten sie aber so weit als möglich ein und erklärten die *Chalitsa* als die bevorzugte Regelung. Da die kinderlose Witwe erst nach der *Chalitsa* wieder religiös heiraten darf, entstehen auch hier große Schwierigkeiten, wenn der Schwager den Ritus verweigert.

Biblisch geregelt und daher auch durch das Rabbinat nicht veränderbar ist auch das *Erbrecht*. Die Witwe ist durch Ketubba und Mitgift abgesichert und erbt daher nicht. Im Regelfall erben die Söhne, wobei der Erstgeborene einen zweifachen Anteil erhält. Töchter erben nur, wo es keine Söhne gibt (Num 27,1-11). Sonst haben sie nur Anspruch auf Versorgung und Ausstattung für die Ehe. Eine freie letztwillige Verfügung ist in dieser Regelung nicht vorgesehen. Eine Anpassung an gewandelte soziale Verhältnisse war hier nur beschränkt möglich, auch wenn eine Schenkung auf dem Sterbebett gewisse Möglichkeiten bietet. Seit dem Mittelalter wurde gewöhnlich der

Versorgungsanspruch der Töchter mit der Hälfte des Erbteils der Söhne festgelegt.

Wer vom jüdischen Glauben abfällt, ist halakhisch „tot" und kann nicht erben. Das führte schon im 4. Jh. zu staatlichen Gesetzen, die den Erbanspruch auch bei Übertritt zum Christentum sichern sollten. Mit Emanzipation und Gleichberechtigung gilt natürlich das jeweilige staatliche Erbrecht auch für Juden und kann in Widerspruch zum religiösen Recht stehen. Anders als in rein familienrechtlichen Fragen findet man hier jedoch leicht Lösungen, die auch halakhisch einwandfrei sind. Doch zeigt gerade auch das Erbrecht, wie sehr im Judentum Religion und tägliches Leben verbunden sind.

In Familien- und Erbrecht gibt es somit biblisch begründete religiöse Regelungen, die sich im Konfliktfall zum Nachteil der Frau auswirken können und besonders aus heutiger Sicht als Diskriminierung betrachtet werden. Die *Stellung der Frau* im Judentum ist somit eine durchaus religiöse, nicht einfach soziale Frage. Natürlich muß man die biblischen Bestimmungen zur Rechtsstellung der Frau in erster Linie im Vergleich mit dem damals in der Umwelt Üblichen sehen. Gerade die Bestimmungen, die später problematisch wurden, entstanden aus dem Bestreben, der Frau eine gewisse Sicherheit zu geben. Ziel war nicht Gleichberechtigung und Gleichstellung in allem, sondern eine gerechte Verteilung von Rechten und Pflichten im Rahmen des damals gesellschaftlich Möglichen.

Sozialen Veränderungen im Wandel der Zeiten, wie sie besonders die Einbeziehung Palästinas in die Welt der hellenistischen Kultur und dann des Römischen Reiches mit sich brachte, versuchte man im Rahmen der Tradition gerecht zu werden. Doch waren dabei einer so stark wie das Judentum an einen geoffenbarten Text gebundenen Religion von vornherein Grenzen gesetzt, wollte man nicht, wie dann das Christentum, zwischen zeitgebundenen Gesetzen und einem auf Dauer verbindlichen „Kern" unterscheiden. Anpassung war nur durch Auslegung des Textes und seiner Intentionen möglich.

Dabei ist es oft erstaunlich, wie sehr eine strikte Interpretation des Bibeltextes diesen in eine neue Zeit übersetzen kann.

Andererseits wird traditionelle Auslegung selbst wieder normativ und legt als „mündliche Tora" die weitere Entwicklung fest. Wieweit man über diese Traditionen zurückgehen und wieder beim Bibeltext selbst neu einsetzen darf, ist eine seit langem umstrittene Frage. Spricht z.B. Dtn 24,1 wirklich von einem allgemein verbindlichen Scheidebrief? Könnte man nicht mit einer kontextgemäßen Auslegung alle Probleme überwinden, die sich aus der Unwilligkeit eines Partners ergeben? Dergleichen Fragen werden heute lebhaft diskutiert; die Angst, daß Lösungen durch einen direkten Rückgriff auf die Bibel selbst zu einem Dammbruch führen könnten, ist berechtigt, wie die Geschichte der Reformbewegung zeigt.

Die konkrete Stellung der jüdischen Frau war nie allein eine Frage der Religion, sondern immer auch der Umwelt. Daß Frauen in der antiken Diaspora führende Funktionen in der jüdischen Gemeinde ausüben, im Einzelfall auch als „Synagogenvorstand" oder „Älteste" amtieren konnten, ist inschriftlich belegt. In Palästina war dies hingegen damals nicht denkbar. Doch staunt man, wie detailliert die Rabbinen im Traktat Ketubbot die Pflichten der Frau abgrenzen und ihre Rechte festsetzen, etwa ihre Mindestansprüche auf Verpflegung, neue Kleider, Taschengeld usw. angeben: In breiten Schichten der ärmeren Bevölkerung war dies sicher oft toter Buchstabe, doch ist der hier gesetzte Sozialstandard eine für damalige Zeiten erstaunliche Zielvorstellung.

Nach Vorstellung der Rabbinen (wie allgemein der antiken Welt) war die Frau in weiten Bereichen von ihrem Mann abhängig und nur beschränkt selbständig rechtsfähig; außer in bestimmten Fällen durfte sie nicht einmal vor Gericht als Zeugin auftreten. Diese begrenzte Rechtsfähigkeit hatte sie mit Kindern und Sklaven gemeinsam, mit denen daher die Frau in Mischna und Talmud oft in einem Atem aufgezählt wird.

Was die religiösen Verpflichtungen angeht, stellt die Mischna fest: „Zur (Einhaltung) aller Gebote, die an eine Zeit gebunden sind, sind Männer verpflichtet, Frauen aber davon befreit. Und zur (Einhaltung) aller Gebote, die nicht an eine Zeit gebunden sind, sind sowohl Männer wie auch Frauen verpflichtet. Zur (Einhaltung) aller Verbote, ob an eine Zeit gebunden oder nicht, sind sowohl Männer wie auch Frauen verpflichtet" (Qidduschin 1,7); es folgen einzelne Ausnahmen für Frauen vor allem im Zusammenhang mit der Darbringung von Opfern. Die hier angegebene allgemeine Norm, die die Frau z.B. von der Teilnahme an den festen Gebetszeiten in der Synagoge befreit, geht davon aus, daß sie über ihre Zeit nicht frei verfügen kann und durch ihre Verpflichtungen im Haushalt und mit den Kindern weithin gebunden ist. Andererseits erlebt der Jude seine Erwählung gerade auch in den Geboten, die Gott ihm auferlegt, und dankt Gott, „der uns durch seine Gebote geheiligt hat". Auch das Tragen der Gebetsriemen und des Gebetsmantels mit seinen Quasten gilt als an eine feste Zeit gebundenes Gebot, von dem Frauen befreit sind.

In diesem Zusammenhang betont der Talmud: „Geliebt ist Israel; denn der Heilige, gepriesen sei er, hat es mit Geboten umgeben: Gebetsriemen auf ihren Köpfen, Gebetsriemen auf ihren Armen, Quasten an ihren Kleidern und Mezuzot an ihren Türen"; darauf folgt wenig später der Satz des R. Meir: „Drei Segenssprüche muß der Mensch täglich sprechen, und zwar: [Gepriesen sei er] ‚der mich zu einem Israeliten gemacht hat', ‚der mich nicht zu einer Frau gemacht hat', ‚der mich nicht zu einem Ungebildeten gemacht hat'" (Menachot 43b). Im palästinischen Talmud (Berakhot 9,1,13b) heißt es ausdrücklich: „‚Gepriesen sei er, der mich nicht zu einer Frau gemacht hat', sagt man, weil der Frau nicht die Gebote aufgetragen sind."

Der Satz wurde ins tägliche Morgengebet übernommen (Frauen sagen: „der mich nach seinem Willen gemacht hat") und verlor dort seinen Zusammenhang; somit konnte er leicht als Geringschätzung der Frau verstanden werden. Daher hat man ihn seit dem 19. Jh. aus vielen Gebetsbüchern entfernt.

Bis in die frühe Neuzeit war die jüdische Frau in Europa im allgemeinen sicher gebildeter und auch selbständiger als die meisten christlichen Frauen derselben Gesellschaftsschicht; vielfach mußte sie ein Geschäft führen, während der Mann sich dem Torastudium widmete oder beruflich auf Reisen war. Oft (so vor allem in Osteuropa) beherrschte sie auch besser als die Männer die Landessprache und war damit für die notwendigen Kontakte mit der nichtjüdischen Umwelt zuständig.

Sofern traditionelle Lebensformen mit religiösen Wertvorstellungen verbunden sind, machten dann aber orthodoxe Kreise viele neuere Entwicklungen (von der Koedukation über bestimmte Formen der Berufstätigkeit von Müttern bis zum Militärdienst für Mädchen in Israel), in denen sie Sitte, Tugend und die traditionelle Familie gefährdet sehen, nicht mit und mögen so „rückständig" scheinen. Doch hat das Streben nach voller Gleichberechtigung der Frau breiteste Kreise des Judentums erfaßt und auch in Grundsatzfragen ein Umdenken bewirkt, am radikalsten natürlich in reformierten und liberalen Gemeinden, fast ebenso aber auch im konservativen Flügel, am wenigsten in orthodoxen Kreisen.

Begonnen hat es mit äußeren Änderungen wie der Einführung der Bat Mitzwa-Feier für Mädchen, der Aufhebung der Trennung von Männern und Frauen in der Synagoge oder auch der Einführung eines gemischten Synagogenchors. Für die Betroffenen viel wesentlicher sind Bemühungen, wie Härtefälle im Familienrecht zu lösen sind. Am auffälligsten sind jedoch die Bemühungen um Gleichberechtigung in allen Funktionen der Synagoge. Schon 1934 gab es in Berlin die erste Rabbinerin. 1973 überließ das Konservative Judentum der USA es den einzelnen Gemeinden, ob sie Frauen im Minjan mitzählen. Um dieselbe Zeit ließen reformierte und liberale Gemeinden die ersten Kantorinnen und Rabbinerinnen zu, 1984 folgten die Konservativen. Ob und wieweit orthodoxe Kreise die Notwendigkeit und halakhische Möglichkeit sehen, nachzuziehen, bleibt abzuwarten.

# VII. Tod, Begräbnis, Jenseits

„Aqabija ben Mahalalel sagt: Betrachte drei Dinge und du wirst nicht der Sünde verfallen. Wisse, woher du kommst und wohin du gehst und vor wem du Rechenschaft ablegen wirst. Woher du kommst: aus einem übelriechenden Tropfen. Wohin du gehst: an einen Ort von Staub, Verwesung und Gewürm. Und vor wem du Rechenschaft ablegen wirst: vor dem König der Könige der Könige, dem Heiligen, gepriesen sei er" (Abot 3,1).

Jede Religion muß sich der Frage nach Krankheit und Tod stellen. Die Bibel versteht menschliches Leben grundlegend als Existenz angesichts des Todes, verursacht durch die Sündigkeit des Menschen; doch vertreten die späteren Schriften der Bibel immer deutlicher, daß mit dem Tod nicht alles aus, vielmehr ein Ausgleich nach dem Tod zu erwarten ist. Jüdische Religion, obwohl sosehr im Diesseits verankert, sieht daher dieses Leben als „Vorzimmer", als „Brücke" zur kommenden Welt. Das Warum des Todes ist, zumindest wenn er zu seiner Zeit kommt, keine Frage, wohl aber, wie man so vorbereitet stirbt, daß man das Gericht Gottes bestehen kann. „R. Eliezer sagt: Kehre um einen Tag vor deinem Tod! Seine Schüler fragten R. Eliezer: Weiß denn der Mensch, an welchem Tag er stirbt? Er sagte ihnen: Um so mehr kehre er noch heute um, falls er morgen sterben sollte. So verbringt er all seine Tage in Umkehr" (Schabbat 153a).

*Kranke* zu besuchen und ihnen beizustehen gehört zu den wichtigsten Werken tätiger Nächstenliebe. Das Vorbild sieht der Midrasch in Gott selbst, der Abraham in seinen Schmerzen nach der Beschneidung besuchte (Gen 17,26-18,1). Seit dem Mittelalter hat fast jede jüdische Gemeinde einen eigenen Verein zum Besuch der Kranken, damit auch Alleinstehende und Arme nicht ohne Kontakt und Hilfe bleiben. Man betet für den Kranken, gedenkt seiner im Segen vor der Toralesung, hält für ihn vielleicht auch eine dem Studium der Tora gewidmete Stunde. Wo es um das Leben des Kranken (im weitesten Sinne) geht, ist man nicht an die Sabbatruhe gehalten, sollen doch die Gebote Leben bewirken: „Wer sie einhält, wird durch sie leben" (Lev 18,5).

Das Bewußtsein, daß Gott allein Herr des Lebens ist, verbietet auch bei schwerem Leiden des Kranken jeden Eingriff, der sein Leben direkt verkürzt. Jede Form von „Sterbehilfe" oder Euthanasie ist untersagt; doch muß deshalb nicht alles unternommen werden, was den Tod nur hinauszieht. Als Vorbild gilt die Erzählung vom Tod Rabbis, der schwer zu leiden hatte, doch nicht sterben konnte, weil die Rabbinen ohne Unterlaß um sein Leben beteten. Da warf seine Magd einen Krug zu Boden; die überraschten Rabbinen unterbrachen kurz ihr Gebet und Rabbi konnte in Frieden sterben (Ketubbot 104a).

Sobald jemand gestorben ist oder man von seinem Tode erfährt, bekennt man die Gerechtigkeit Gottes: „Gepriesen sei der wahrhaftige Richter!" Es beginnt die Vorbereitung des Toten für das Begräbnis, worum sich traditionell die *Chewra Qadischa* („heilige Gesellschaft"), der Beerdigungsverein der jüdischen Gemeinde, kümmert, heute natürlich oft durch eine Leichenbestatterfirma ersetzt. Die Leiche wird nach genauen Vorschriften und unter Rezitation von Psalmen und Gebeten gewaschen und angekleidet. Männern zieht man gewöhnlich ihren weißen Kittel und den Gebetsmantel an. Im Glauben, der Tote werde in den Kleidern, in denen er begraben wurde, auch auferstehen, trieb man in der Antike oft gewaltigen Aufwand bei Totengewändern; für ärmere Leute konnte da ein Begräbnis den Ruin bedeuten. Rabban Gamaliel ließ sich daher demonstrativ in einem einfachen Leinenkleid begraben, „und nach ihm gewöhnte sich das ganze Volk daran, in Leinengewändern zu begraben" (Ketubbot 8b).

Ehrfurcht vor dem Toten, in geringerem Maß bestimmte Vorstellungen von der Auferstehung, verbieten nach jüdischer Tradition jede *Autopsie*. Erlaubt ist sie nur, wenn davon Erkenntnisse zu erwarten sind, die anderen Kranken zugute kommen bzw. wenn staatliche Gesetze sie fordern. Aus denselben Gründen lehnt man auch die *Verbrennung* der Leiche ab; schon im Altertum hielten Juden auch dort, wo Brandbestattung üblich war (etwa im antiken Rom), stets am Erdbegräbnis fest: „Im Schweiße deines Angesichts sollst du dein Brot essen, bis du zurückkehrst zum Erdboden; von ihm bist du ja genommen. Denn Staub bist du, zum Staub mußt du zurück" (Gen 3,19).

Traditionell fand das Begräbnis noch am Todestage oder am Tag darauf statt (Dtn 21,23 heißt es vom Hingerichteten: „Du sollst ihn noch am gleichen Tag begraben"). Erst seit dem 18. Jh. gab man vielfach dem Druck der Umwelt nach, das Begräbnis zu verschieben. Auch die Anreise von Angehörigen kann ein Grund sein, mit dem Begräbnis zuzuwarten, das aber auf jeden Fall so bald wie möglich stattfinden sollte. Teilnahme an Beerdigungen ist als gutes Werk (*mitswa*) empfohlen, Nachfahren von Priesterfamilien jedoch ebenso wie das Betreten eines Hauses, in dem sich ein Toter befindet, nur beim Tod der nächsten Angehörigen erlaubt: „Keiner von ihnen darf sich an der Leiche seines Stammesgenossen verunreinigen, außer an seinem Fleisch, das ihm am nächsten steht, an seiner Mutter, seinem Vater, seinem Sohn, seiner Tochter oder seinem Bruder und seiner unverheirateten Schwester..." (Lev 21,1-3); „sein Fleisch", gewöhnlich als „seine Verwandten" übersetzt und auf die folgende Liste bezogen, ist nach jüdischem Verständnis (so etwa im *Targum*, der aramäischen Bibelübersetzung) seine Frau. Die als „Unreinheit" verstandene Macht des Todes ist unvereinbar mit seinem Dienst im Tempel, dessen Zerstörung das biblische Verbot nicht aufhebt.

Die nächsten Angehörigen reißen am Friedhof als Zeichen der Trauer ihre Kleider ein, heute meist symbolisch eine Krawatte oder ein auf die Kleider geheftetes Band. Die in der Bibel immer wieder genannte Trauergeste verbindet Ijob mit dem Bekenntnis: „Nackt kam ich hervor aus dem Schoß meiner Mutter; nackt kehre ich dahin zurück. Der Herr hat gegeben, der Herr hat genommen; gelobt sei der Name des Herrn" (Ijob 1,21). Diese Anerkennung der Gerechtigkeit des göttlichen Urteils (*Tsidduq ha-Din*) ist auch der Inhalt des wesentlichen Gebets am offenen Grab:

„Der Fels, vollkommen ist sein Tun, all seine Wege sind gerecht. Ein Gott der Treue, ohne Trug, gerecht und gerade...Wer könnte ihm sagen: Was tust du? Der in der Tiefe und in der Höhe herrscht, er macht tot und lebendig, er führt zum Grab hinab und führt auch herauf... Unverdiente Gnade erweise uns, und durch das Verdienst (Isaaks), der wie ein Lamm gebunden wurde, höre und handle... Gepriesen sei der wahrhaftige Richter, der tötet und lebendig macht; gepriesen sei er, denn gerecht ist sein Gericht."

Dann beten die Trauernden das *Qaddisch*, ein aramäisches Gebet zur Heiligung Gottes, das in verschiedenen Formen in der Liturgie immer wiederkehrt: „Erhöht und geheiligt werde sein großer Name in der Welt, die er erneuern wird, wenn er die Toten belebt und zum ewigen Leben führt, die Stadt Jerusalem erbaut und den Tempel wieder errichtet, den Götzendienst aus der Erde entwurzelt und den Gottesdienst an seine Stelle setzt. Und es wird herrschen der Heilige, gepriesen sei er, in seinem Reich und seiner Herrlichkeit – in eurem Leben und in euren Tagen und im Leben des ganzen Hauses Israel, bald und in naher Zeit. Und sagt Amen."

Seit dem Mittelalter hat es sich eingebürgert, daß der Sohn (heute oft auch die Tochter) elf Monate lang und zur Jahrzeit für Vater oder Mutter das Qaddisch sagt. Dazu besucht man die Synagoge, da ja das Qaddisch Teil des Gemeindegottesdienstes ist und es dazu einen Minjan braucht.

*Trauerbräuche* sind zeitlich abgestuft. Vom Tod bis zum Begräbnis sind die nächsten Angehörigen von religiösen Verpflichtungen wie Abend- und Morgengebet befreit, um sich ganz um den Toten zu kümmern. Sie enthalten sich von Fleisch und Wein (außer am Sabbat) und ehelichem Verkehr. Unmittelbar nach dem Begräbnis beginnen die sieben (*schiw'a*) Trauertage, die man zu Hause sitzt ("Schiwe sitzen"). Als Zeichen der Trauer sitzt man auf Schemeln und niederen Stühlen; Baden, Kosmetik und das Tragen von Lederschuhen sind nur mit Einschränkungen erlaubt, Haareschneiden und Rasieren untersagt. Eine Kerze brennt zur Erinnerung an den Toten. Die Synagoge besucht man nur, wenn im Haus kein Minjan für die Gebete und damit auch das Qaddisch möglich ist sowie am Sabbat; auf keinen Fall wird aber ein Trauernder zur Tora aufgerufen. Dem Beruf geht er nur nach, wo dies unvermeidlich ist. Bis zum Ablauf von dreißig (*schloschim*) Tagen nach dem Begräbnis, im Fall der Trauer für Vater und Mutter ein ganzes Jahr, meidet man Hochzeiten, Tanzveranstaltungen, Kino (Fernsehen) und Theater.

Am Jahrestag des Todes oder des Begräbnisses (nach jüdischem Kalender) begeht man die *„Jahrzeit"*; die Hinterbliebenen besuchen die Gottesdienste in der Synagoge (Qaddisch!), wobei nach Möglichkeit der älteste Sohn oder der nächste Angehörige vorbetet. Ein Jahrzeitlicht brennt während des ganzen Tags. Am ersten Jahrestag stellt man gewöhnlich auch den Grabstein auf.

Vom Tode Abrahams und anderer verwendet die Bibel den Ausdruck: „Er wurde versammelt zu seinen Vätern" (Gen 25,8). Dies ist nicht nur bildlich gemeint, als Vereinigung mit den schon verstorbenen Vorfahren, sondern schließt, wo immer möglich, die Bestattung im Familiengrab ein. Gen 23 erzählt etwa, wie Abraham die Höhle von Machpela in Hebron als Familiengrab erwirbt. Er selbst wurde dann darin begraben (Gen 37,9 f); Jakob verlangte, daß seine Leiche von Ägypten dorthin überführt werde (Gen 47,30; 49,29 f f) und auch Josefs Gebeine nahm man beim Auszug aus Ägypten mit und bestattete sie in Sichem auf dem von Jakob gekauften Grundstück (Jos 24,32).

Dieses Vorbild der biblischen Vorväter wirkt bis in die Gegenwart nach. Im Land Israel begraben zu werden, war schon immer der Wunsch vieler; nach verbreiteter Auffassung in rabbinischer Zeit war die endzeitliche Auferstehung der Toten auf das Land Israel begrenzt oder begann auf jeden Fall dort. „Es sagte R. Eleazar: Die Toten außerhalb des Landes werden nicht wieder aufleben, denn es heißt: ‚Und ich lege meine Herrlichkeit auf das Land der Lebendigen' (Ez 26,20). Das Land, in dem meine Herrlichkeit ist, dessen Tote werden leben; wo meine Herrlichkeit nicht ist, dessen Tote werden nicht leben." Andere Rabbinen wehren sich verständlicherweise gegen eine solche Auffassung und möchten Israel nur einen besonderen Vorrang bei der Auferstehung für die messianische Zeit zuschreiben; doch bleibt die besondere Wertschätzung der Bestattung im Land Israel: „Jeder, der im Land Israel begraben ist, ist gleichsam unter dem Altar begraben" (Ketubbot 111a).

Als der Tempel noch stand, war der Ölberg die beliebteste Begräbnisstätte, wohin auch viele Juden aus der fernen Diaspora ihre Gebeine in kleinen Ossuarien zur Zweitbestattung überführen ließen, wie zahlreiche Funde belegen. Auf einem Wandgemälde in der Synagoge von Dura Europos am Euphrat (3. Jh.) sieht man den Ölberg, der sich zur Auferstehung spaltet und die Toten herausgibt. Als die Römer nach Niederschlagung des Bar Kokhba-Aufstandes im Jahr 135 Juden den Zugang zu Jerusalem und Umgebung verboten, wurden die Katakomben von Bet Schearim in Galiläa für zweihundert Jahre der Ort, wo Juden aus allen Ländern bestattet wurden. Der Wunsch, im Land Israel, „im Land der Lebenden" (Ps 116,9), begraben zu werden, ist bis heute lebendig geblieben und seit Gründung des Staates Israel auch leichter möglich geworden. Für die große Mehrheit der Diasporajuden konnte dies dagegen immer nur ein bloßer Traum bleiben. Doch zumindest zeichenhaft versucht man schon seit alten Zeiten, jedem am Begräbnis im Land Israel Anteil zu gewähren, indem man ein Säckchen mit Erde aus dem heiligen Land in den Sarg legt.

Im Altertum war die Sorge um eine Grabstätte Familiensache, ein geschlossen jüdischer *Friedhof* durchaus nicht selbstverständlich (nicht in Palästina, noch weniger in der Diaspora). Doch ist das Bestreben, eigene jüdische Grabbezirke zu haben, religiös begründet – Abgrenzung vom Totenkult der Umgebung und fremden religiösen Symbolen, Reinheitsgesetze und vor allem das Wissen um die Gemeinschaft des Volkes Israel über den Tod hinaus – und hat schon immer zur Gründung eigener Friedhöfe geführt, archäologisch besonders eindrucksvoll in den jüdischen Katakomben Roms, den Grabanlagen von Venosa in Süditalien oder in Karthago belegt. Bald bemühte sich jede jüdische Gemeinde, allein oder zusammen mit Nachbargemeinden, um einen eigenen Friedhof, der ganz den religiösen Erfordernissen entspricht und vor allem auf Dauer die Totenruhe der darin Bestatteten sichert. Die Exhumierung einer Leiche ist nur erlaubt, um sie in das Familienbegräbnis zu überführen oder wenn von Anfang an eine spätere Überführung nach Israel geplant war. Als „Haus der Ewigkeit", wie der Friedhof auch genannt wird, kann er im Prinzip auch nicht aufgelöst und anderen Zwecken zugeführt werden. Das erklärt auch den Widerstand orthodoxer Juden gegen jede Verbauung eines auch schon lange aufgelassenen und in fremden Besitz geratenen jüdischen Friedhofs, ebenso die Schwierigkeiten, wenn Archäologen in Israel auf antike Gräber stoßen.

Die Sorge um das Grab hängt mit dem Glauben an ein *Leben nach dem Tode* zusammen. Im Lauf der biblischen Geschichte drängte sich immer mehr der Gedanke auf, daß die Verbindung zwischen Gott und dem Gerechten den Tod überdauert. In den spätesten Texten der Bibel, in der Jesaja-Apokalypse (Jes 26,19) und dann ganz klar in Dan 12,2f, ist diese Hoffnung als Erwartung der *Auferstehung* formuliert; daneben findet sich unter dem Einfluß des Leib-Seele-Dualismus der hellenistischen Anthropologie bald auch der Gedanke der Unsterblichkeit der Seele. Sobald die Frage nach dem Zustand des Verstorbenen zwischen Tod und endgültiger Vollendung akut wird, können auch beide Vorstellungen kombiniert werden: die Seele des Verstorbenen wartet demnach darauf, am Ende der Zeiten mit ihrem wiederhergestellten Körper wieder eine Einheit zu bilden. Im allgemeinen aber findet man in der frühen nachbiblischen Literatur keine Bemühung um eine Systematisierung der Jenseitserwartungen.

Der Gedanke an die Auferstehung oder Unsterblichkeit steht von Anfang an in enger Verbindung mit dem Glauben an Gottes Gericht und Gerechtigkeit. Vor allem das Problem des Martyriums spielte in der Entwicklung des Gedankens eine große Rolle, wie etwa 2 Makk 7 deutlich zeigt. Man kann es sich einfach nicht vorstellen, daß jene, die ihr Leben in Treue zu Gott und dem Bund eingesetzt haben, am von Gott für das Ende der Zeiten versprochenen Heil nicht teilhaben sollten. Wer für Gott sein Leben gibt, wird es von ihm wieder erhalten. Erst sekundär denkt man dann an eine allgemeine Auferstehung, die auch die Sünder einschließt, damit diese ihrer Strafe nicht entrinnen (anderen Texten genügt als Strafe, daß die Sünder nicht am ewigen Leben teilhaben).

In der Zeit bis zur Zerstörung des Tempels wurde die Frage nach dem Schicksal des Menschen nach dem Tod zu einer der großen Streitfragen im Judentum, die auch die einzelnen religiösen Gruppierungen voneinander schied. Nach Darstellung des Josephus Flavius hielten die Essener den Körper für vergänglich, die Seele hingegen für unsterblich; ebenso hielten die Pharisäer jede Seele für unsterblich; doch „in einen anderen Körper gehe nur die der Guten über; die der Bösen aber werde in ewiger Bestrafung gepeinigt. Die Sadduzäer ... leugnen die Fortdauer der Seele sowie Bestrafung und Lohn im Hades" (Jüd. Krieg 2,154-165).

In seiner Formulierung paßte Josephus sich dem Verständnis seiner nichtjüdischen Leser an; ob er den Pharisäern wirklich die Auffassung der Seelenwanderung zuschreibt (die später in der Kabbala eine Rolle spielt), ist nicht ganz klar; jedenfalls spricht er von Unsterblichkeit der Seele, wo das Neue Testament den Konflikt zwischen Pharisäern und Sadduzäern als Streit um die Auferstehung beschreibt (Apg 23,6-8). Ob Auferstehung oder Unsterblichkeit ist offensichtlich kulturgebundene Vorstellung; durch die rabbinische Prägung des gesamten späteren Judentums hat sich jedoch die Sprechweise von der Auferstehung durchgesetzt.

Wie man sich die Auferstehung im einzelnen vorstellt, hängt davon ab, was man mit ihr verbindet. Wo das Ziel die Teilhabe an einem messianischen Reich auf Erden ist, erhoffte man natürlich eine real körperliche Wiederkehr des Toten; ebenso, wo man gegen Zweifler die Identität der Auferstandenen mit den einst Verstorbenen aufzeigen will: So erwarten viele Rabbinen, daß die Toten zwar genauso wiederkommen, wie sie begraben wurden, in denselben Kleidern und mit all ihren körperlichen Fehlern, dann aber geheilt und völlig umgewandelt werden (z.B. Sanhedrin 91b). Isolierte Einzelaussagen klingen oft grob materiell; das Nebeneinander von kontrastierenden Aussagen in der Literatur des Zweiten Tempels und bei den Rabbinen zeigt aber, daß es ihnen nicht auf die konkreten Bilder ankommt, sondern auf die Grundaussage, daß Gott als gerechter Richter nach dem Tod belohnt und bestraft.

Wie die Strafe aussieht, wird dabei viel weniger als in der christlichen Tradition ausgemalt, auch wenn vor allem die apokalyptische Literatur Schilderungen der Unterwelt und ihrer Strafen kennt. Auch dort, wo man eine Auferstehung zum Gericht vertritt, verbindet man das vielfach nicht mit der Vorstellung ewiger Bestrafung (Edujot 2,10: zwölf Monate). Das Zurücksinken in das Nichts, der „ewige Tod", „keinen Anteil haben an der kommenden Welt" ist die größte Strafe, die man sich vorstellen kann.

Das Heil der Endzeit ist zwar in erster Linie für das dem Bund mit Gott treue Israel bestimmt; mit Nichtjuden befaßt sich jüdische Theologie ja nur am Rand. Ps 9,18 sagt: „Hinabfahren müssen die Frevler in die Unterwelt, alle Heiden, die Gott vergessen." R. Eliezer sieht darin alle Nichtjuden; R. Jehoschua dagegen nur jene, „die Gott vergessen"; „demnach gibt es Gerechte unter den Völkern, die Anteil an der kommenden Welt haben" (Tosefta Sanhedrin 13,2). Diese Meinung hat sich durchgesetzt.

Was die erwarteten Freuden der Endzeit betrifft, gibt es viele rabbinische Texte, die eine Zeit des Glücks und des Überflusses schildern und ein großes endzeitliches Mahl der Gerechten beschreiben; diese Aussagen beziehen sich auf ein irdisches messianisches Reich. Doch was das endgültige Heil der Gerechten nach Auferstehung und Weltgericht betrifft, sind sich die Rabbinen einig, darüber keine positiven Aussagen machen zu können: „Nicht wie diese Welt ist die kommende Welt. In der kommenden Welt gibt es kein Essen und Trinken, keine Fortpflanzung und keine Vermehrung, keinen Handel, keinen Neid, keinen Haß und keinen Streit. Die Gerechten sitzen vielmehr da, ihre Kronen auf ihren Köpfen, und sie den genießen den Glanz der Gottesgegenwart" (Berakhot 17a). „Es sagte R. Chijja bar Abba im Namen des R. Jochanan: Alle Propheten haben nur über die Tage des Messias geweissagt; für die zukünftige Welt jedoch gilt: ‚Kein Auge hat es gesehen außer Gott allein' (Jes 64,3)" (Berakhot 34b).

Volkstümliche Frömmigkeit hat stets die farbenprächtigen Bilder bevorzugt, mit denen man sich das Glück der kommenden Zeit ausmalen konnte. Dagegen hat die jüdische Philosophie des Mittelalters den Akzent auf den geistigen Gehalt dieser Aussagen gelegt und die traditionellen Bilder nur für die messianische Zeit gelten lassen. Zwar preist man im täglichen Gebet Gott, „der die Lebenden versorgt in Gnade und die Toten belebt in großem Erbarmen"; doch hat man das genauere Verständnis dieses Bekenntnisses offengelassen: „Solange jemand gläubig Lohn und Strafe im allgemeinen anerkennt, sei es leiblich und auf dieser Welt oder geistig und in der kommenden Welt, leugnet er, wenn er die Auferstehung leugnet, nicht ein grundlegendes Prinzip der Tora des Mose", schreibt um 1425 Josef Albo („Buch der Grundprinzipien" I,23).

Die Reformbewegung des 19. Jhs. hat sich auch mit den Fragen der Jenseitsvorstellungen, insbesondere der körperlichen Auferstehung, auseinandergesetzt. Viele ließen im Gebetbuch die traditionellen Formulierungen stehen, verstanden sie jedoch im Sinn einer rein geistigen Unsterblichkeit. Andere (vor allem in Amerika) strichen dagegen jeden Hinweis auf die Auferstehung aus den Gebeten.

In der Mischna heißt es: „Diese haben keinen Anteil an der kommenden Welt: Wer sagt, es gebe keine Belebung der Toten…" (Sanhedrin 10,1). Zur Zeit der Mischna war das ein Kampfartikel gegen Positionen wie die der Sadduzäer. Was jedoch genau mit der „Belebung der Toten" gemeint ist, wird nirgends definiert. Auch den Rabbinen war in erster Linie der Glaube an ein Leben nach dem Tode wichtig, letzthin der Glaube an Gericht und Gerechtigkeit Gottes. Gegen die Aussage von Josef Albo hätten sie wohl nichts einzuwenden gehabt.

In Fragen der Halakha strebte man Einheit an und pochte dabei auch auf die Verbindlichkeit der mündlichen Tora; in der Haggada hingegen, der nichtgesetzlichen Tradition, war man immer viel flexibler, solange die Grundpositionen jüdischen Glaubens gesichert waren. Wesentliche Fragen, was das Bild Gottes wie das des Menschen, das Problem des Bösen und der Gerechtigkeit und natürlich auch das Schicksal des Menschen nach dem Tod betrifft, sind schon in der Bibel nicht einheitlich beantwortet. Spätere jüdische Tradition hat die Ansätze der Bibel, vielfach auch angeregt von der nichtjüdischen Umwelt, in eine bestimmte Richtung weiterentwickelt, einzelne Aussagen der Bibel stärker als andere betont, dabei aber immer an der *ganzen* Bibel festgehalten. Sie ist auf Dauer die Basis jeder jüdischen Theologie.

# Hinweise zum Weiterlesen

Baeck, Leo, *Das Wesen des Judentums,* Frankfurt [2]1922, Ndr. Wiesbaden 1978.

Ben Chorin, Shalom, *Jüdischer Glaube.* Strukturen einer Theologie des Judentums anhand des Maimonidischen Credo, Tübingen 1975.

Buber, Martin, *Der Jude und sein Judentum,* Köln 1963.

Cohen, Herman, *Die Religion der Vernunft aus den Quellen des Judentums,* Berlin 1927 = Wiesbaden 1978.

De Vries, S. Ph., *Jüdische Riten und Symbole,* Wiesbaden 1981.

Fohrer, Georg, *Glaube und Leben im Judentum,* Heidelberg [2]1985.

Heschel, Abraham J., *Gott sucht den Menschen.* Eine Philosophie des Judentums, Neukirchen 1980.

Lévinas, Emanuel, *Schwierige Freiheit.* Versuch über das Judentum, Frankfurt 1992.

Levinson, Pnina N., *Einführung in die rabbinische Theologie,* Darmstadt 1982.

–, *Einblicke in das Judentum,* Paderborn 1991.

Maier, Johann, *Geschichte der jüdischen Religion,* Freiburg [2]1992.

Petuchowski, Jakob J., *Gottesdienst des Herzens.* Eine Auswahl aus dem Gebetsschatz des Judentums, Freiburg 1981.

Schubert, Kurt, *Die Religion des Judentums,* Leipzig 1992.

Thieberger, Friedrich (Hg.), *Jüdisches Fest, jüdischer Brauch,* Königstein/Ts. [3]1985.

Trepp, Leo, *Der jüdische Gottesdienst.* Gestalt und Entwicklung, Stuttgart 1992.

# Register

*Buchanzeigen*

# Jüdische Geschichte

*Wolfgang Beck (Hrsg.)*
## Die Juden in der europäischen Geschichte
Sieben Vorlesungen von Saul Friedländer, Amos Funkenstein, Eberhard
Jäckel, Michael A. Meyer, Jehuda Reinharz, David Sorkin, Shulamit Volkov
Mit einer Einleitung von Christian Meier
1992. 153 Seiten. Paperback
(Beck'sche Reihe Band 496)

*Haim Hillel Ben-Sasson (Hrsg.)*
## Geschichte des jüdischen Volkes
Von den Anfängen bis zur Gegenwart
Sonderausgabe in einem Band
1992. VIII, 1404 Seiten mit 28 Karten im Text. Leinen
(Beck's Historische Bibliothek)

*Wolfgang Benz (Hrsg.)*
## Die Juden in Deutschland 1933–1945
Leben unter nationalsozialistischer Herrschaft
3., durchgesehene Auflage. 1993. 779 Seiten mit 27 Abbildungen. Leinen
(Beck's Historische Bibliothek)

*Ruth Gay*
## Geschichte der Juden in Deutschland
Von der Römerzeit bis zum Zweiten Weltkrieg
Aus dem Englischen übertragen von Christian Spiel
Mit einer Einleitung von Peter Gay
1993. 280 Seiten mit 294 einfarbigen u. 20 farbigen Abbildungen. Leinen

*Michael A. Meyer*
## Von Moses Mendelssohn zu Leopold Zunz
Jüdische Identität in Deutschland 1749–1824
Aus dem Englischen übersetzt von Ernst-Peter Wieckenberg
1994. 284 Seiten. Leinen

*Mark Zborowski/Elizabeth Herzog*
## Das Schtetl
Die untergegangene Welt der osteuropäischen Juden
Aus dem Amerikanischen von Hans Richard.
3., durchgesehene Auflage. 1992. 363 Seiten m. 19 Abbildungen. Gebunden

# Verlag C. H. Beck München

# Jüdische Geschichte und Kultur

*Günter Stemberger*
Geschichte der jüdischen Literatur
Eine Einführung
1977. 257 Seiten. Broschiert

*Günter Stemberger*
Das Klassische Judentum
Kultur und Geschichte der rabbinischen Zeit (70 n. Chr. bis 1040 n. Chr.)
1979. 271 Seiten. Broschiert

*Günter Stemberger*
Der Talmud
Einführung – Texte – Erläuterungen
3., durchgesehene Auflage. 1994. 324 Seiten. Leinen

*Günter Stemberger*
Midrasch
Vom Umgang der Rabbinen mit der Bibel
Einführung – Texte – Erläuterungen
1989. 242 Seiten. Leinen

*Günter Stemberger (Hrsg.)*
Die Juden
Ein historisches Lesebuch
3., unveränderte Auflage. 1991. 348 Seiten mit 3 Abbildungen. Paperback
(Beck'sche Reihe Band 410)

*Günter Stemberger*
Einleitung in Talmud und Midrasch
8., neubearbeitete Auflage. 1992. 367 Seiten
(C. H. Beck Studium)

Verlag C. H. Beck München